2. Auflage 2015

Verlag Voland & Quist, Dresden und Leipzig, 2014

Korrektorat: Annegret Schenkel, Leipzig
Umschlaggestaltung: Tim Jockel, Berlin
Satz: Fred Uhde, Leipzig
Druck und Bindung: CPI books GmbH, Leck
Aufnahme, Tonschnitt und Mastering: Audiofenster, Berlin
CD-Produktion: polycopy, Aachen

www.voland-quist.de

Kirsten Fuchs

Kaum macht man mal was falsch, ist das auch wieder nicht richtig

Voland & Quist

Inhalt

Interessant einkaufen

Natürlich hätte es auch anders kommen können. Das Leben ist ein Schalk. Es hätte mich mit allem, was ich bin, in den Körper einer Kassiererin hineinschicksalen können. Vielleicht ist dieses Seelenvergeben wie Telefonieren, und wenn der passende Körper gerade nicht rangeht, dann, tja, Arschkarte.

Vielleicht ist der Körper besetzt. Oder die Seele hat sich verwählt.

Manche werden ganz ohne Seele geboren.

Wenn man sich dieser Sache bewusst wird, ist es leichter, zu Menschen freundlich zu sein, als man es aus eigener Kraft eigentlich könnte. Er oder sie könnte jemand ganz anderes sein als der, den du siehst. Ein Star. Im Körper eines Busfahrers. Ich bin ein Star. Holt mich hier raus, schreit seine Seele. Klar ist er gefrustet, angekratzt wie die Scheiben des Busses.

Ich habe so eine Macke: Ich will Kassiererinnen glücklich machen. Oder anders: Nicht glücklich, ich will sie überraschen.

Sie sitzen da: Hallo, piep, piep, piep, piep, piep, piep, piep, sammeln Sie Treueschlüpfer? Äh, ...punkte.

»Wieso dauert das Einkaufen bei dir immer so lange?«, fragt mein Freund.

»Ich bin Geschichtenerzählerin durch und durch«, sage ich. »Das ist doch kein Beruf. Das ist mein Charakter.«

Ich kaufe zum Beispiel alles, was dick macht. Das ist eine einfache Geschichte.

Es war einmal eine Frau, die kaufte alles, was dick macht.

Die Verkäuferin sieht mich erstaunt an. Weil ich ja gar nicht dick bin.

»Für mein Kind«, sage ich. »Das ist so dick, das kann das Haus nicht mehr verlassen.«

Krasse Geschichte.

Da hat sie garantiert tagelang drüber nachgedacht.

Das nächste Mal kaufe ich nur rote und grüne Sachen und behaupte, ich hätte eine Rot-Grün-Schwäche. Das ist eine dumme Geschichte, sie ergibt keinen Sinn, aber bestimmt hat die Kassiererin auch darüber noch lange nachgedacht. Wieso Rot-Grün-Schwäche, häh?, hat sie gedacht.

Ich bin aus der Abteilung Gehirnfütterung am Arbeitsplatz. Ihr Kopf soll sich mal wieder satt essen.

Hallo, piep, piep, sammeln Sie Treuelumpen?

Eines Tages sieht sie so traurig aus, dass ich folgende Sachen kaufe:

Luftballons, Bockwurst, billige Schuhe, ein halbes Suppenhuhn, nicht gefroren.

Ich sage, dass mein Hund Geburtstag hat.

Sie freut sich.

»Sammeln Sie Treuewürste?«, fragt sie.

Wir lachen.

Dafür mache ich das. Damit die Leute lachen. Sie ist ein kleines Publikum, aber Publikum ist Publikum. Man muss sie da abholen, wo sie stehen, in ihrem Fall: sitzen. Es ist unwahrscheinlich, dass sie zu mir kommen wird. In eine Lesung. Also muss ich zu ihr gehen. Und was ist das für ein Publikum, das extra zu mir kommt, um mir zuzuhören? Ein leichtes. Ich will dahin, wo es schwer ist. In die Supermärkte. Wo die Menschen arbeiten und überhaupt keinen Bock haben, sich zu amüsieren. Dort muss man versuchen, sie zu unterhalten. Wenn du es dort schaffst, schaffst du es überall.

Das nächste Mal sieht sie weniger traurig aus. Ganz normal. »Guten Tag, guten Tag«, sagt sie, piep, piep, piep, macht das Piepgerät.

Ich wage eine gewagtere Geschichte.

Ein Messer aus den Sonderposten, aus dem Messerblockset. Außerdem lege ich ein Pflaster aufs Band. Dazu noch eine Flasche Schnaps.

»Guten Tag, guten Tag.«

Sie schaut sich meinen Einkauf fast nicht an, aber dann doch. Ich habe herausgefunden, dass sie genauer kuckt, je weniger ich kaufe. Die Message muss klar werden.

Dann piept sie meine Gegenstände über das Band.

»Ich möchte Schreibmaschine lernen. Mit dem Acht-Finger-System«, sage ich.

»Aha«, sagt sie. Noch hat sie nicht angebissen. Sie ist noch tief in ihrem Piep-piep.

»Haben Sie irgendwann Schreibmaschinen im Angebot?«, frage ich.

Sie schüttelt den Kopf. Jetzt geht das Licht an in ihrem Hirn.

»Na, macht nichts«, sage ich. »Dann lerne ich Klavier. Vielleicht einhändig.«

»Haben Sie bald Klaviere im Sortiment?«

Für den Tag hat sie genug zu denken.

Beim nächsten Mal reckt sie schon ihren Hals, als sie mich sieht. Es sind noch zwei Einkäufer zwischen uns, aber sie hat nur Augen für meinen Einkauf. Ich habe gar nichts auf dem Band liegen.

Ihr Interesse ist geweckt. Ihr Gesicht ist rosig und froh. Als ich dran bin, sage ich, dass heute der Tag ist, an dem ich vor nun fünf Jahren aufgehört habe zu rauchen.

Und zum Jubiläum gehe ich einfach mal keine Zigaretten einkaufen.

Sie ist zufrieden mit der Story.

Sie ist so weit. Ab jetzt kann ich sie alleine lassen. Sie wird sich die Einkäufe der Kunden ansehen und sich allein kleinere Geschichten ausdenken können.

Ich ziehe weiter. In einen anderen Supermarkt.

Es geht nicht darum, ob das jemals zu mir zurückkommt. Es geht um Treueherzen.

Taschenbuch

Die erste Tasche, die in meinem Besitz war, um darin meinen Besitz zu transportieren, war eine kleine Kindergartentasche, in die genau eine Brotbüchse passte. Die Brotbüchse war hellgrün und hielt nur, wenn man einen roten Gummi um beide Hälften machte. Vielleicht wäre es auch mit einem grünen Gummi gegangen. Die Tasche selbst war aus dickem Leder, rot, und die Verschlusslasche war gelb. Der Verschluss war aus Metall und zum Drehen, so dass auch kleine verschmierte, ungeschickte Patschehändchen von einem hungrigen Kind ihn aufbekommen konnten und nicht jedes Mal die mürrische Kindergärtnerin Tante Petra um Hilfe gefragt werden musste, die gesagt hätte: »Mann, Mann, kannste dis nich, Fräulein Fuchs, musste wohl verhungern, denk an die Kinder in Afrika, die würden die Tasche mitessen.«

Ich trug diese Tasche jeden Tag über die Straße in meinen Kindergarten. Ich wurde nicht von meinen Eltern gebracht, weil der Weg nicht weit war, außerdem begleitete mich mein Freund Timm Pfeiffer, in dessen Bruder Olaf Pfeiffer ich verliebt war, weil er groß war und blonde Locken hatte. Mein Freund Timm war klein und hatte eine Brille mit einem Abziehbild im linken Brillenglas. Timm hatte oft irgendwelche Brüche und immer Läuse. Außerdem war Timm mit vier Jahren böse vom Fahrrad gestürzt und hatte, bis die neuen Zähne zur Einschulung wachsen sollten, eine Prothese für die vorderen vier Zähne. Diese Prothese nahm er manchmal raus, um anzugeben oder um kleben gebliebenes Mamba davon abzupulen. Timm war ein toller Freund. Er konnte alles, was er für eine große Zukunft als Clown brauchte: mit den Ohren wackeln, schielen, die Augenlider umklappen, mit der Zungenspitze fast die Nase berühren, meterweit spucken und Pupsgeräusche mit der Achselhöhle machen. Timm Pfeiffer war eine Faxenmaschine. Die Familie Pfeiffer wohnte ganz oben in unserem Haus und hatte Westkontakte. Wenn Timm und ich zusammen vor dem Haus standen, um gleich den weiten Weg über die kaum befahrene Straße anzutreten, schaute meine Mutter vom Balkon und winkte, und Timms Mutter schaute vom Balkon und schrie: »Hast du deine Stullen, Timm?« »Ja, Mama!«, rief Timm. »Hast du deine Brille, Timm?« »Ja, Mama!« »Dann setz sie auf!« »Ja, Mama!« Und die Krönung war, dass Timms Mama rief: »Hast du deine Zähne, Timm?« »Ja, Mama!«, rief Timm, und dann gingen wir Hand in Hand in den Kindergarten.

Timm hatte eine schönere Tasche als ich, weil die Pfeiffers ja Westkontakte hatten. Ich durfte ab und an Timms schöne Tasche tragen, also meine UND Timms Tasche. Timm war kein Kavalier, obwohl er mich heiraten wollte, weil ich das einzige vernünftige Mädchen im Kindergarten sei. Aber ich wollte Olaf Pfeiffer, und wenn ich 20 wäre, so dachte ich, und er dann 30, würde der Altersunterschied auch nichts mehr ausmachen. Vom Kindergarten nach Hause musste ich die Tasche nicht tragen, weil mich mein Bruder abholte und die Tasche vor sich her über die Straße kickte, um damit auszudrücken, dass es ihn ankotzte, seine kleine Schwester abzuholen, und dass er lieber auf dem Fußballplatz wäre. Sicherlich hätte er mich auch vor sich hergekickt, wenn er nicht genau gewusst hätte, wie laut ich heulen konnte.

Zur Einschulung bekam ich einen Stoffranzen, es war gar kein richtiger Ranzen, nicht so ein schöner stabiler, wie ihn andere Kinder hatten. Es war eher ein eckiger Rucksack, mit blöden Katzenaugen dran und einfachen Schnappverschlüssen und dann noch rot-blau, zu einer Zeit, als der Satz kursierte: »Rot und Blau schmückt die Sau.« Wenn man den Stoffranzen in den Schlamm schmiss, wurden alle Hefte und Bücher nass. Ich konnte also an dem Wettbewerb nicht teilnehmen, wo es darum ging, wer seine Tasche am besten an den Trägern über dem Kopf drehen konnte, um sie dann weit, weit in die Modderpampe des Neubaugebietes zu schleudern. Ich habe meine Schultasche nicht sehr gemocht. Aber ich mochte Hagen Maibaum.

Der war mein neuer Freund. In den ersten Wochen arbeitete er im Unterricht mit wie ein Wilder und sammelte blaue Punkte, jeden Tag mindestens einen für Schleimverhalten und dann noch einen, weil er so lange Wimpern hatte und weil Frau Gollowitsch, unsere Klassenlehrerin, das genauso süß fand wie ich. Ich sehe jetzt noch seine lange Reihe blauer Punkte vor mir, neben den mickrigen anderen Reihen, und dazwischen immer rote Punkte, nur beim Maibaum nicht. Als er merkte, dass niemand ihn mitspielen ließ, zum Beispiel dabei, sich nachmittags auf dem Spielplatz der Schule vom Balken zu schubsen, gab er seine Karriere als guter Schüler auf, seinen Schulabschluss, er gab seine Zukunft auf und sammelte ab da rote Punkte für das Spucken von angekautem Löschpapier mit dem Strohhalm. Über seinem Platz klebten etliche blassrote Kügelchen an der Decke und fielen ab und an runter, ihm auf den Kopf und weckten ihn, wenn er fast eingenickt war. Ab da war er der Größte für die Jungs, zusammen mit Mario Recke, der aus dem Mülleimer aß und sich mit dem Füller Narben ins Gesicht malte. Mario Recke war rechts, als ich ihn das letzte Mal sah, aber nicht aus Überzeugung, sondern aus Freundschaft zu dem Anführer des Kampfgeschwaders Hellersdorf, das aus zehn orange lackierten Trabbis bestand, mit der Aufschrift »Kampfgeschwader Hellersdorf, Ausländer raus, verschönert unser Dorf!«.

Hagen Maibaum hat mit Ach und Krach den Hauptschulabschluss geschafft.

Das war egal, als wir Freunde waren. Da gab es noch keine Zukunft. Er war mir jahrelang ein guter Grund, Hausarrest zu bekommen, weil wir mal wieder zusammen in die Wuhle gefallen waren, und er war ein großartiger Dieb, und wir hatten immer Schokolade, wenn wir mit den Klapprädern herumbretterten.

Mein Kindergartenfreund Timm war auf eine andere Schule gekommen, aber wir wohnten ja noch in einem Haus und konnten Fernsehen zusammen kucken und beieinander übernachten. Wobei ich ertragen musste, dass sein Bruder Olaf Pfeiffer immer Freundinnen hatte, die mir über den Kopf streichelten und dabei gut rochen. Was aus Olaf Pfeiffer geworden ist, weiß ich nicht, er wird wohl immer schöner geworden sein.

Timm und ich trafen uns manchmal in den Hofpausen am grauen Schulzaun, aber nur ein paar Wochen, dann hatten wir neue Freunde. Außerdem war es Tradition, dass sich die Kinder der verschiedenen Schulen nicht zu mögen hatten. Meine Schule hieß »Lion Feuchtwanger«, so wie auch die Straße, in der die Schule stand. Damit war für uns klar, dass wir die eigentliche Schule sind und die andere Schule nur so dastand, weil noch Kinder übrig waren, Restkinder, die beim Einschulungstest nicht sofort mit der rechten Hand über ihren Kopf an ihr linkes Ohr gekommen waren.

Die andere Schule hieß Mathias-Thesen-Oberschule. Und wir sagten den blöden Kindern von der anderen Schule, dass kein Schwein wüsste, wer Mathias Thesen sei. Na, wer sei das denn? Hat er die Mathias-Thesen-Thesen geschrieben, oder was? Ihr habt doch bestimmt eine Wandzeitung über Mathias Thesen neben dem Direktorzimmer hängen. Was steht denn da drauf? Die Mathias-Thesen-Idioten behaupteten, dass niemand wüsste, wer Lion Feuchtwanger sei. Ob der 'ne feuchte Wange hatte? Wir sagten ihnen, dass Lion Feuchtwanger irgendein Kommunist war und hier in der Straße gewohnt hatte.

Ich war froh, auf der besseren Schule zu sein. Mein großer Bruder war auch auf meiner Schule, und ich konnte natürlich mit ihm drohen, wenn mir jemand doof kam. Mein Bruder hätte sich zwar nie für mich geprügelt, aber das wusste ja keiner. Zumindest sah er mir ähnlich und war groß. In der Nachbarschule war meine Mutter Direktorin, und das war der eigentliche Grund, warum wir nicht auf die Mathias-Thesen-Oberschule kamen. Meine Mutter wollte nicht jedes Mal doppelt unsere Tadel unterschreiben, einmal als Direktorin und einmal als Mutter. Sie hätte uns auch die Möglichkeit genommen, sie damit zu überraschen.

Und ich hätte mich auch nicht das erste Mal in meinem Leben betrinken können in der fünften Klasse, weil ich mir Mut antrinken wollte, um ihr meinen ersten Tadel vorzulegen, den ich bekam, weil ich die Turnhallenwand angemalt hatte. Ich trank Eierlikör. Es war an einem Sonntagmorgen gegen sechs, und am folgenden Montag sollte ich die Unterschrift bei Frau Hutmacher vorlegen. Ich trank die halbe Flasche, legte mich dann wieder hin und schlief meinen Rausch aus. So war ich zum Frühstück nicht mehr besoffen, aber hatte Kopfschmerzen. Da meine Mutter, die Frau Hutmacher – freundlich formuliert – als Kollegin kritikwürdig fand, bekam ich nicht so viel Ärger und merkte mir für alle Zeiten, dass ich weitere Tadel auch wieder von Frau Hutmacher bekommen sollte. So war es dann auch.

Die halb leere Eierlikörflasche füllte ich übrigens mit Kondensmilch wieder auf. Da hat die Verwandtschaft dumm geschaut, als sie sich beim Wochenendbesuch ein Gläschen einschenken wollte und die dünne Plempe aus der Flasche gekleckert kam.

Osterwasserholen mit Alfred

Am Ostersonntag ist nicht nur der Herr wieder aufgestanden, sondern auch wir. Der Alfred und ich. Wir blinzeln uns müde an und winken einander einen schönen guten Morgen. Wir gehen wie jedes Jahr Osterwasser holen, da darf man nicht reden, bis man das Osterwasser getrunken hat. Alfred steht total auf diesen Brauch, er würde gerne jeden Morgen Osterwasser holen gehen, auch an Weihnachten, weil er dann zum Frühstück in Ruhe die Zeitung lesen kann. Er hat schon oft vorgeschlagen, dass wir Weihnachtswasser holen oder 3.-April-Wasser oder Wiedervereinigungswasser. Ich mach da nicht mit, ich will morgens alles rausplappern, was mir einfällt, aber an Ostern bin ich für den Spaß zu haben.

Alfred zeigt mit dem Zeigefinger der linken Hand und dem der rechten Hand ein T und kuckt fragend. Ob ich Tee will zum Frühstück? Ich schüttel den Kopf, nur weil ich sehen will, wie er mich nach Kaffee fragen wird, ohne etwas sagen zu dürfen. Er hält sich ein Hitlerbärtchen an die Oberlippe und kuckt fragend. Sieht aus wie Adolf, der nich weiß, was er wegen der vermaledeiten Sache in Stalingrad machen soll. Das soll Kaffee heißen? Weil es nur Kaffee heißen kann, nicke ich. Oder hat er mich gefragt, ob ich Strammer Max zum Frühstück will? Mal sehn, was ich da bestellt habe. Der Kater latscht über meine Beine und jammert, weil wir irgendwas falsch machen. »Scht!«, sagen wir zu ihm. Er kuckt unbefriedigt. Ich soll zu ihm sagen: »Bist du meine Miezekatze? Na, bist du meine Miezekatze? Wer ist meine Miezekatze?«, geht aber gerade nicht. Alfred geht in die Küche und klappert. Wenn ich ihm was sagen will, muss ich hingehen. Das ist ungewohnt, normalerweise rufe ich quer durch die kleine Wohnung. Ich tapse in die Küche und zeige ihm, dass er hierbleiben und nicht in die Stube kommen soll. Er nickt. Ich schupper ein bisschen mit den Büchern im Bücherregal und ruckel an der Kommode. Alfred soll denken, dass ich was verstecke. Ich hab aber wieder vergessen, was zu besorgen, und darum auch nichts zum Verstecken. Da kann er lange suchen.

Wir frühstücken schweigend und grinsen uns an. Ich habe tatsächlich Kaffee bekommen. Warum auch immer. Wir streiten uns über irgendetwas. Ich verstehe nicht, was er mir mitteilen will, wenn er sich in den Schritt fasst, aber dass er mir einen Vogel zeigt, versteh ich. Ich streite einfach mit, weil es so lustig ist. Ich mache unsinnige Zeichen mit den Händen. Dann nickt Alfred auf einmal. Er hat mich verstanden. Er holt sich einen Zettel und einen Stift. Ist vielleicht einfacher als das Gezeige. Er schreibt: »Hättest du das doch gleich gesagt!« Ich muss lachen. Ich schreibe zurück: »Hab ich doch gesagt.« Wir streiten wieder. Der Kater ist verwirrt. Es gefällt ihm nicht, was wir machen. Er jault. Es klingt wie: »Allah. Allah!« Meine Katze ist Moslem. Na klar, da weiß er natürlich nichts vom Osterwasserholen. Ich schreibe auf einen Zettel »Wir gehen Osterwasser holen. Dabei darf man nicht reden«. Ich halte dem Kater den Zettel hin. Er riecht dran. Dann geht er Haare in den Flur kotzen. Ich schreibe Alfred auf, dass eigentlich nur Jungfrauen Osterwasser holen gehen. Er krakelt darunter, dass wir Anja anrufen könnten, damit sie als Anstandsjungfrau mitkommt. Tolle Idee. Anrufen. Super!

Ich spiele ihm vor, wie jemand eine Wohnung inspiziert, und zeige dann auf ihn. Er versteht und beginnt voller Vorfreude auf die vielen bunten Leckereien, überall herumzukramen. Er findet tatsächlich zwei Eier. Er freut sich. Ich bin erstaunt und freue mich noch mehr als er. Wahrscheinlich hat *er* die Eier letztes Jahr versteckt, und ich habe sie nicht gefunden. Ich soll in der Küche suchen, teilt er mir mit, indem er mich dorthinschiebt und mit den Armen wedelt.

Ich finde nichts. Er zeigt auf die Herdplatte für warm und auf den Kühlschrank für kalt. Dann zeigt er so oft auf den Herd, dass ich einfach in den Herd kucke. Ja, sehr heiß. So heiß, dass die Schokolade geschmolzen ist und ich einen Klumpen Osterhase habe, an dem überall ausgelaufene Eier kleben. Und all das mit Silberpapier drin. Ich beiße ab und sofort auf ein Stück Silberpapier. Da summt die Plombe. Ich sage: »Aua!«, und Alfred sagt: »Scht!« Zum Trost will er mir seine zwei Ostereier schenken. Ich nehme sie, und als er im Bad ist, verstecke ich sie in einer Vase mit Trockenblumen. Für nächstes Jahr.

Nachdem wir uns die Zähne geputzt haben, geht es endlich los. Ich fülle Wasser in einen Krug, denn es gibt in der Nähe keine klare Quelle, an der wir Osterwasser holen könnten. Wir nehmen das Osterwasser mit zum Urbanhafen. Alfred geht schon mal runter, weil ich ihm zu sehr rumbummel. Die Katze kuckt mir zu, wie ich etwas suche. Ja, Ostern. Ich suche meinen Schlüssel. Keiner gibt mir Hinweise mit »warm« und »kalt«. Ich kann die Tür nicht zuziehen, weil es eine doofe Tür ist, die springt wieder auf und dann springt die Katze aus der Wohnung unters Auto und mir eine Träne aus dem Auge. Geht nich. Ich kann auch nicht die Tür kurz offen lassen, um zu Alfred runterzurennen, dann rennt die Katze aus der Wohnung, unter ein Auto und mir eine Träne aus dem Auge. Ich rufe Afred auf dem Handy an. Er geht ran und sagt nichts. Ich sage auch nichts. Er kommt wieder hoch und ich fuchtel, bis ihm die Sachlage klar ist. Er schließt ab und wir gehen. Der Schlüssel wird später gesucht. Im Treppenhaus kommen mir meine Nachbarn entgegen, die ich sowieso nicht grüße. Dann kommt allerdings noch Frau Muntzke, die gerne ein Weilchen über die Balkonpflanzen mit mir redet. Ich habe noch den Zettel, den ich vorhin dem Kater gezeigt habe. Frau Muntzke erzählt mir trotzdem, dass ihr Fernseher kaputt ist. Ich nicke. Alfred steht mit dem Krug einen Treppenabsatz weiter unten und lutscht ein Bonbon. Frau Muntzke scheint es zu gefallen, dass ich ihr nicht reinrede. Alfred tippt auf die Uhr. Wir winken noch mal und gehen endlich raus auf die Straße. Wunderbares Wetter. Wir laufen eingehakt am Landwehrkanal entlang, und mir fällt auf, dass wir meistens sowieso nur darüber reden, wie süß irgendein Hund ist, der uns begegnet. Anstatt zu sagen »Kuck mal!«, zeigen wir einfach drauf, und als Ersatz für »Ohhhh, wie süß!« machen wir ein Kindergesicht vom feinsten. Kurz vorm Urbanhafen halten wir kurz an, weil wir ein Entennest entdecken. Wir verstecken die Eier in einer Astgabelung, damit die Enten auch was von Ostern haben. Dann trinken wir endlich von dem Osterwasser.

»Guten Morgen!«, sage ich zu Alfred.

»Guten Morgen!«, sagt Alfred zu mir, und endlich kann er mir den blöden Witz erzählen, der ihm eingefallen ist: Was antworten Sachsen auf die folgenden beiden Fragen: »Mögt ihr Ostern?« und »Was mögt ihr an Ostern?« »Oija und die Oija!«

Der Geschmack des Sieges

Letztens fiel mir beim Bäcker eine Schrippe runter. Sie war die eine Schrippe zu viel für dieses Schrippentütenformat. Sie war quasi die Obenauf-Schrippe, die Sahnehäubchen-Schrippe.

»Flumm«, machte es, oder mit was für einem Geräusch auch immer Schrippen runterfallen. Das ist ja von Fall zu Fall verschieden. Hängt von der Fallhöhe ab. Und dann kommt es ja auch noch auf die Konsistenz der Schrippe an: »Puff« macht die zu fluffig gebackene Schrippe, »krtsch« die krümelige, »schnatsch« die sehr feuchte Schrippe und »pock« die Vortagsschrippe.

An einem der zwei Stehtische im Laden stand der dicke Mann, der in meinem Wohnumfeld immer irgendwo steht. Er heißt Ecki. Lustigerweise, denn er steht oft an Ecken herum. Ich hab ihn mal gefragt, wie er heißt, denn ich wollte nicht mehr denken: »Ach, da ist die Qualle!«, wenn ich ihn sehe. Ist ja nicht nett, nur weil er sich so eine Burg von Körper angefressen hat. Ich wollte lieber denken: »Ach, da steht Klaus oder Heinz oder wer auch immer!« Also fragte ich ihn: »Wie heißt du denn?« Der Eckensteher nannte seinen Namen. »Ecki!«, sagte er, und seitdem denke ich: »Ah, da steht Ecki! Die Qualle!«

Ecki lachte, als meine Schrippe runterfiel, und sagte, das Geräusch nachäffend: »Flumm!«

Die Bäckersfrau lachte ebenfalls und gab mir eine neue Schrippe. Die gefallene Schrippe durfte ich auch behalten. Das hat mir natürlich – der Situation angemessen – gefallen. Die Bäckersfrau sagte: »Geht aufs Haus, beziehungsweise auf den Boden!«

»Auf den Boden!«, wiederholte Ecki und lachte. Aha, dachte ich, Ecki macht gerne das Echo.

»Na, dann ...«, sagte ich, »... danke ich für diesen FALL von Freundlichkeit.«

»Fall von Freundlichkeit!«, echote Ecki und pustete seine dicken Backen zu gewichtigen Windgebläsen auf, die prustend Krümel in der Bäckerei verteilten.

Ich ging nach Hause. Und weil ich verhindern wollte, dass ich nur die Schrippen um die runtergefallene Schrippe drumherum aufaß – besonders nachdem ich gesehen hatte, dass Ecki gerne klebrige Krümel auf denselben Boden prustet, auf den meine Schrippe gefallen war –, warf ich im Treppenhaus alle Schrippen zu Boden.

Am nächsten Tag fiel mir beim Bäcker ein ganzes Brot runter. HUCH! Na, hoppala, Mensch!

»Bobbs!«, machte das Brot.

»Bobbs!«, sagte Ecki, der schon wieder im Laden rumstand.

Die Bäckerin putzte an dem Brot herum und fragte mich, ob es auch so ginge.

»Na, klaro!«, gab ich mich umgänglich.

»Na, klaro!«, wiederholte Ecki meine umgängliche Antwort.

Huch, da fiel mir das Brot wieder runter, genau auf Eckis schmutzige Schuhe.

»Bobbs!«, machte das Brot.

»Bobbs!«, machte Ecki.

Ich bekam ein neues Brot und durfte das andere behalten.

Damit ich keines der Brote mit Ekel aß, warf ich das andere auch runter – und aß dann beide mit Ekel, weil ich keinen Schimmer hatte, welches Brot mir nun auf Eckis Quallenschuhe gepurzelt war. Ich machte mir Klappstullen aus einer Scheibe von dem einen Brot und einer Scheibe von dem anderen Brot und ekelte mich nur halb so sehr. Soll noch mal jemand sagen, Frauen hätten keine Ahnung von Mathematik.

Ich gewöhnte mir das Ekeln in der folgenden Zeit ohnehin ab, und ich meine auch den Ekel vor meinen charakterlichen Fehlern.

Das Fallenlassenprinzip fing an sich zu lohnen. Ich ließ sogar Kuchen fallen. Die Bäckerin wurde immer ärgerlicher, bis ihr Gesicht wie ein fünf Tage altes Kastenbrot aussah, wenn ich reinkam. Aber sie war dann doch zu nett, mich mal zurechtzuweisen.

»Ah, die Frau mit der nervösen Hand!«, begrüßte sie mich.

»... mit der nervösen Hand!« – Ecki war auch wieder da.

Ich bestellte wie folgt: »Ich brauche vier Schrippen, also packen sie mir zwei ein, dann zwei Stück Apfelkuchen, also packen sie eins ein.«

Ecki lachte, ohne etwas zu wiederholen, diese Sätze waren ihm zu lang.

Die Bäckerin verzog das Gesicht, so dass ihre Stirnfalten wie zwei gekreuzte Schwerter aussahen und ihre Augenbrauen wie ein durchgehender Balken. An dem hätte sie mich wohl am liebsten mit ihrem gerissenen Geduldsfaden aufgehängt. »Ach, und zwei Nougatkringel noch!«, fügte ich hinzu.

»Also einen, oder wie?«

»Also einen?«, kam es aus Echoeckis Ecke.

»Nee, zwei. Ich brauch vier!«, erklärte ich ungerührt.

Die Bäckerin packte mir mein Tütlein. Da ich es seit Wochen hinbekommen hatte, jede Backware auf den Boden fallen zu lassen, nahm sie eine stabile Plastiktüte, tackerte diese oben zu und machte einen Gummi drum herum. Dann duellierten sich unsere Blicke über dem Tresen. Ecki hatte nichts zu wiederholen und langweilte sich. Die Tüte war verdammt stabil.

»Und, noch mal dasselbe?«, fragte die Bäckerin.

»Nee, geht schon!«, sagte ich und popelte mit den Fingernägeln unten die Tüte auf.

»Huch, die ist gerissen!«, entschuldigte ich mich.

»Ja, die ist echt gerissen!«, sagte die Bäckerin.

»Echt gerissen!«

»Oh, Ecki, halt's Maul!«

»Halt's Maul!«, wiederholte Ecki.

Ich kam mit meinen gewünschten vier Schrippen, zwei Stück Apfelkuchen und vier Nougatkringeln nach Hause, hatte aber kein gutes Gefühl dabei. Hatte ich es etwas übertrieben?

Dass ich es übertrieben hatte, wurde mir am nächsten Tag deutlich gemacht. Ich war gar nicht beim Bäcker, ich war Flaschen wegbringen beim Getränkehandel daneben. Der Typ an der Flaschenabgabe starrte mich an, als ob wir einen nicht angemeldeten Boxkampf vorhätten, zumindest nicht bei mir angemeldet. Ich kümmerte mich nicht drum, grüßte höflich und stellte meine Flaschen auf den Tresen. Bierflaschen, Saftflaschen, Colaflaschen, die allesamt schon etwas längere Zeit bei mir rumgestanden hatten und bemerkenswert stanken.

»Vorsicht, nüscht fallen lassen!«, sagte der Typ. Und bei mir fiel erst mal der Groschen: Nachbarin Bäckerin hatte gepetzt, und mein Ruf hier war so schlecht wie der Geruch der Flaschen. »Denn könnt' ick Ihnen nämlich keen Geld geben«, sagte der Typ.

»Kein Geld geben …«, kam es aus der Ecke.

»Hallo Ecki!«, sagte ich.

»Hallo Ecki!«, wiederholte er.

Ich passte auf wie nix, dass keine Flasche runterfiel.

»Da is ja noch überall 'n Rest drinne«, bemerkte der Typ. »Dit heißt aber Leerjut. Dit muss leer sein und jut!«

»Leerjut!«, kollerte Eckis träge Stimme aus der Zuschauerecke. Frau Bäckerin stand, die Arme vor der mehligen Schürze verschränkt, neben Ecki und hatte denselben Blick drauf, den Gaffer haben, die um Verkehrsopfer rumstehen.

»Also, sooooo könn' wa dit nich nehm'. Watt ham wa denn da? Schimmlijet Bier, jeronnener Saft, warme Cola mit Stückchen.«

»Mit Stückchen!«

Der Getränkemann schüttete alles zusammen in eine Flasche, in der Kippenreste von einer kleinen Privatfeier schwammen. Er shakte es ordentlich durch und hätte wohl am liebsten noch ein Schirmchen reingesteckt und 'ne Ananas an den Rand drapiert. Fertig war der Cocktail *Stinkige Pampe on the Rotz*.

Wer fallen lässt, muss sich so was gefallen lassen!, dachte ich mir eine Moral und zuckte mit den Achseln. Da stand ich doch drüber.

Ich setzte an und trank aus. Da stand allen der Mund offen. Die Bäckerin war den Tränen nahe. Tja, Baby, dachte ich, ihr seid mir nicht gewachsen.

Ecki machte völlig selbstständig ein Geräusch. »Äks!«, sagte er.

Ich hatte gewonnen. Der Geschmack in meinem Mund war der Geschmack des Sieges. Ich bekam mein Geld und ging stolz erhobenen Hauptes aus dem Laden, um denselben Kopf vor demselben Laden zu beugen und mich phänomenal zu übergeben. Ach, ging mir gleichzeitig mit der Plörre durch den Kopf, so fühlt sich Ekel an, fast vergessen!

Nachdem der Cocktail draußen war, erbrach ich jede einzelne Schrippe und jedes Stück Kuchen, was ich mir durch Fallenlassen erschummelt hatte. Und so fiel schlussendlich alles, wie ich es ergaunert hatte: zu Boden. Irgendwann war der ganze Parkplatz von mir vollgespuckt. Wem das zu moralisch ist, dem kann ich auch nicht helfen. Den Ratten war's egal. 'ne warme Mahlzeit! Sie freuten sich!

»Okay, das war's!«, sagte ich und meinte damit meine Karriere als Backwarenerschleicherin.

»Das war's!«, echote Ecki und meinte die Geschichte.

Ehrlicher Liebesbrief

Mein Liebster!

Ich muss dir heute an unserem ersten Jahrestag ein Geständnis machen. Es ist nicht so schlimm. Es ist sogar ein bisschen rührend, hoffe ich. Ich spreche dich mit »mein Liebster« an, weil du das bist, keine Frage, das bist du, und zwar seit einem Jahr. Aber ich muss dir gestehen, dass ich auch stets »mein Liebster« zu dir sage, weil ich deinen Namen nicht weiß. Ich habe mich lange nicht getraut, dir das zu sagen. Ach, was heißt, nicht getraut … Ich habe mir vorgenommen, mit dir darüber zu reden, und dann haben wir uns getroffen, und ich bin in deine Erscheinung gefallen und war weg. Nix Hirn, nix Erinnerung, weg. Ich kann ganz, ganz genau beschreiben, wie deine Augen aussehen, wie edel deine Nase dir im Gesicht steht und wie sich von deiner Nase zwei strenge Falten links und rechts über deinen Mund zu deinem Kinn und mich in ihren Bann ziehen. Mir ist einfach alles egal, wenn ich dich sehe. Du bist schuld. Ich kann nichts dafür. Wirf mir kein Desinteresse vor. Das Gegenteil ist der Fall. Es ist mir ja auch ein bisschen peinlich, dass ich nicht weiß, wie du heißt.

Also, manchmal fragen Freundinnen danach. Die wollen auch wissen, wie alt du bist. Ich erzähle ihnen, wie du küsst, und dann zeige ich ihnen Fotos, und sie sagen: »Ja, ganz nett! Und wie heißt er?« Die scheinen das wichtig zu finden, welchen x-beliebigen Namen dir deine Eltern gegeben haben. Hast du eigentlich Eltern? Am Ende haben die auch noch Namen, und die muss ich mir dann merken. Ach, dabei fällt mir ein: Wir waren doch mal bei deinen Eltern, zu Weihnachten oder so, aber da hattest du diesen Pullover an, in dem du so gut aussiehst. Auf den Geschenken, die du von deinen Eltern bekommen hast, stand auch dein Name. Es könnte etwas mit G sein. Oder stand da nur Geschenk? Es kann auch sein, du heißt Chris oder Merry, oder du hast einen Doppelnamen: Merry-Chris. Du siehst aus wie ein Dirk, aber ich kann mich auch irren. Vor allem siehst du aus wie ein verdammt geiler Mann. Wie du den ganzen Tag mit dir existieren kannst, ohne ständig zu wichsen, ist mir völlig unklar.

Du hast, glaube ich, sogar einen Beruf, weshalb du tagsüber keine Zeit hast. Du machst also irgendwas. Wie machst du das nur? Bist du Friseur und kannst dich den ganzen Tag im Spiegel anschauen? Ich an deiner Stelle könnte nichts anderes arbeiten. Ich müsste mich immerzu ansehen. Ich käme vom Spiegel nicht weg, wenn ich du wäre. Ich käme aus dem Bett nicht raus, wenn ich du wäre. Ich käme zu nichts. Ich hätte die Schule nicht gepackt, den Hauptschulabschluss nicht und schon gar nicht das Abitur. Ich hätte mich immerzu in der Fensterscheibe angestarrt, also … ich hätte dich immerzu in der Fensterscheibe angestarrt. Wie kannst du eigentlich durchs Leben gehen mit diesem Gesicht und diesem Körper? Ich meine, schon alleine, wie du deine Beine bewegst. Eins und dann das andere, und beide sind so toll, so stramm und irgendwie die schönsten Beine, die es gibt. Warum trägst du eigentlich Hosen? Ich würde immer an dir runtersehen und denken: Mein Gott, was für Beine, wie männlich ich laufe, Wahnsinn, Wahnsinn! Hast du eigentlich Abitur? Hast du mir das schon mal erzählt? Gefragt habe ich bestimmt nicht. Ich kann kaum etwas sagen, wenn du in meiner Nähe bist, aber das macht ja auch nichts, weil immer du redest.

Ich habe gesehen, dass sich dein Mund immerzu bewegt hat, wenn wir was trinken waren. Du hast mir viel erzählt. Aber, Liebster, ich habe dir nicht zugehört, nie. Wenn du gelacht hast, habe ich auch gelacht, und ich habe gesagt: »Das finde ich schön!«, weil ich dich schön finde. Ich habe deinen Mund angestarrt und gesagt: »Das finde ich schön!« Ist ja auch nicht gelogen. Dein Mund ist der Hammer, aber ich habe keinen Schimmer, was du gesagt hast. Wenn dein Mund aufgeht, will ich meine Finger reinschieben und will, dass du daran saugst, und wenn dein Mund zugeht, will ich ihn küssen, und wenn du redest, will ich, dass du sagst: »Komm, komm, dreh dich zur Seite, willst du, dass ich dich berühre?« Und das habe ich mir halt vorgestellt, wenn wir nach dem Kino was essen gegangen sind. Ich gehe gerne mit dir ins Kino, weil das Licht des Films auf deinem Gesicht flackert, rot und blau und weiß, und weil du so konzentriert nach vorne schaust. Wahnsinn, du schaust nach vorne und kuckst einen Film! Und danach hast du auf mich eingeredet. »Willst du, dass ich dich berühre?«, habe ich gehört und habe »Ja!« gesagt, und manchmal habe ich mir vorgestellt, dass du fragst: »Hast du was dagegen, wenn ich dich mit Knutschflecken überziehe, bis du überall lila bist?« Und da habe ich »Nein!« gesagt. Nein, da hätte ich nichts dagegen. Ich habe, um ehrlich zu sein, immer mal »Ja!« oder »Nein!« gesagt, das hing davon ab, was ich mir ausdachte, was dein Mund sagt. Aber was dein Mund sagt, habe ich nie gehört.

Liebster, mich interessiert gar nicht, wie deine erste Freundin hieß, wenn du dieses Gesicht hast.

Dieses Gesicht … hast du eigentlich eine Ahnung, dass Männer so was wie Titten im Gesicht haben? Ja, ja, immer wenn du unrasiert bist, hast du für mich Titten im Gesicht, also Geschlechtsmerkmale. Das macht mich wirr. Das macht mich einfach wirr. Meinst du, du könntest mir zuhören, wenn ich immerzu meine Brust nicht bedecken würde? Du hast Titten im Gesicht. Du hast auch Titten auf dem Unterarm. Mich machen alle deine Haare verrückt. Und du hast so große Hände. Manchmal hast du was geredet und was dabei gezeigt. Du hast mir mal den Weg zu einem Treffpunkt erklären wollen. »Dann gehst du links, dann ist gegenüber eine Tankstelle, dann biegst du rechts ab und gehst in die Parallelstraße …« Ich werde dich erst von links nehmen, dann von rechts nehmen, dann werde ich dich von vorne nehmen, und dann werden wir parallel nebeneinanderliegen. Das hast du gesagt. So habe ich es gehört. Ich will dir nicht zuhören. Ich will deinen Mund benutzen. Wollen wir nicht mal Sex haben? Oder hatten wir schon Sex, und ich bin vor Aufregung in Ohnmacht gefallen und weiß es nicht mehr? Ich kann mich nicht erinnern. Aber sei mir nicht böse deshalb, das alles ist doch nur so, weil ich dich so liebe. Du solltest es als Kompliment auffassen und dich freuen. Und ich zeige doch auch guten Willen, dich jetzt endlich kennenzulernen, indem ich dir diesen Brief schreibe. Lass uns Briefe schreiben. Wenn du in der Nähe bist, denke ich sowieso nur: »Ham, ham, ham! Rrrrrrrrrr, uh!« Das kann nicht so weitergehen, wenn wir heiraten wollen. Ich muss doch den Kindern sagen können, wie du heißt. Ich hoffe, du weißt auch nicht, wie ich heiße, weil, sonst liebst du mich ja nicht so wie ich dich. Du hast mich auch nie gefragt, wie ich heiße, oder? Entweder habe ich es nicht gehört, oder du hast nie gefragt. Jedenfalls kann ich mich nicht erinnern, dass ich mal mehr als »Ja!« oder »Nein!« gesagt hätte. Ich heiße … Ich weiß nicht, ich habe gerade dieses herrliche Foto von dir angeschaut … Ich heiße … Ich glaube, irgendwas mit M. Deine … ähm … Liebste.

PS: Bitte lege deinem Antwortbrief kein Foto bei und schreibe ihn nicht mit Hand. Ich liebe deine Handschrift.

Mannschine und Frautomat

Mannschine und Frautomat wohnen zusammen. Sie sind ein Kuppel. Ein Görmobil haben sie noch nicht. Sie arbeiten dran. Kennengelernt haben sie sich auf der IFA. Sie waren die neuesten Modelle. Mannschine mit noch mehr Gefühlskapazität und Frautomat jetzt auch mit räumlichem Denken. Da hat es bei ihnen klick gemacht. Seitdem wohnen sie zusammen. Das ist nicht so einfach. Sie haben zwar die Betriebsanleitung des anderen gelesen, aber trotzdem.

Wenn bei Mannschine steht: »Hinterfragen Sie nicht, wenn ihm mal ein Fehler unterläuft. Lassen Sie ihn drei Stunden erklären, wie es zu diesem Fehler kommen konnte und warum er die falsche Abbiegung genommen hat«, aber Frautomat nicht länger als drei Minuten zuhören kann – dann klappert's.

Oder wenn bei Frautomat steht: »Bitte Kompliment mehrmals wiederholen«, aber Mannschine ist programmiert, nichts Überflüssiges zu sagen – bumm, schon gibt es Zoff.

Dann heult Frautomat, und Mannschine ist ratlos und stöbert in Frautomats Betriebsanleitung nach dem rechten Verhalten. Da steht: »Sagen Sie alles, was Ihr Frautomat will, und tun Sie alles, was Ihr Frautomat will.«

»Was soll ich sagen?«, fragt Mannschine.

Frautomat heult noch mehr. »Das solltest du wissen!«, jammert sie.

Mannschine spult alle Sätze aus dem Kapitel »Beruhigung eines Frautomaten bei Überhitzung« ab, die ihm einfallen: »Ich liebe dich. Du siehst gut aus. Gleich morgen kauf ich es dir. Ich hab dich gar nicht verdient. Ich hab es nicht so gemeint.«

Schon hellt sich Frautomats Gesicht auf. »Das sagst du nur so«, sagt sie, und ihre Augenwischer gehen an. Ihr Görmobilmachprogramm startet, und sie will koppeln. Mannschine will auch koppeln. Er will immer koppeln. In seiner Betriebsanleitung steht: »Mannschine 2000 hat einen Koppeldrangdauermodus. Nach einer Minute ist allerdings die Batterie leer.«

Mannschine sagt: »Ich liebe dich. Du siehst gut aus. Gleich morgen kauf ich es dir. Ich hab dich gar nicht verdient.«

Frautomat sagt: »Du bist toll. Du bist stark. Willst du was essen?«

In Mannschines Betriebsanleitung steht: »Mannschine hat einen Nahrungsaufnahmedauermodus«, also sagt Mannschine: »Na klar!«

Frautomat macht Rührei mit Maschinenöl. Während sie mit der Hand in der Pfanne herumquirlt, überlegt sie, wie sie Mannschine heimlich umprogrammieren kann. Ihre Freundinnen haben es auch geschafft. Sie haben aus ihren Mannschinen echte Memmschinen gemacht, die über Filme reden können, ohne die Kameraführung, das Licht und die Computereffekte zu erwähnen, und die unbedingt Paparat werden wollen. Eine Memmschine und ein Paparat helfen sogar im Haushalt, sie wollen bloß nicht mehr so viel koppeln, aber dafür gibt es ja die Postbotenmannschinen.

Das bekloppteste Hobby von der Welt

Wer schon mal gedacht hat, dass sich mit dem Fuß hinter dem Ohr kratzen das bekloppteste Hobby von der ganzen Welt ist, der irrt gewaltig, denn sich mit dem Fuß hinter dem Ohr kratzen lindert spürbar den Juckreiz, sieht auf jeden Fall interessant aus, fördert nebenbei die Gelenkigkeit und könnte zusätzlich der Grundstein für eine Karriere beim Zirkus sein.

Vielleicht erhöht dieses seltene Hobby auch die Attraktivität auf das andere Geschlecht, falls sich mit dem Fuß hinter dem Ohr kratzen mal »in« wird, weil Paris Hilton das auch kann. Es ist ein sinnvolles Hobby. So wie Schnürsenkel sammeln – dann hat man immer Schnürsenkel. Oder so wie Cola trinken – dann hat man nie Durst. Oder so wie Formel 1 kucken – dann muss man nicht Boxen kucken. Oder so wie Kühlschrank abtauen – soll man sowieso immer mal machen. Oder schlussendlich so wie saufen – dann ist man wenigstens besoffen.

Aber Panini-Fußballbilder sammeln? … Wer macht denn s o w a s?

Ich behaupte jetzt mal: Ich kann nichts dafür. Wirklich! Gar nichts! Mir wurde das leere Panini-Album geschenkt, und was macht man mit leeren Sachen? Voll macht man die! Das weiß ja jedes Kind, das nur Aa kann.

Ich habe das Panini-Album von einem zwielichtigen Drogenhändler geschenkt bekommen – von so einem, der kleine Kinder vor der Schule abfängt und sie mit leeren kostenlosen Panini-Alben anfixt. Der Zwischenhändler war eine nicht übermäßig seriöse Zeitung gewissermaßen, die die ersten Bilder für 'n Appel und 'n Cent ihrem Käse-Eiersalat-Quark-und-Wurst-Blatt beilegte, weshalb ich mir diese unseriöse Zeitung kaufen musste. Was für ein Einschnitt in meinem

Leben! Aber ich muss jetzt dazu stehen. Wir haben ja am Fall von Günter Grass gesehen, dem tiefen Fall in dem Fall, dass man immer alles gleich erzählen soll. Ich habe Panini-Bilder gesammelt während der WM, und ich habe dieses Drecksblatt gekauft. Jetzt isses raus.

Am Anfang kaufte ich nur diese kleinen Tütchen. An jedem Kiosk blieb ich stehen und hechelte: Tütchen, Tütchen, Tütchen. In den Tütchen waren Bildchen, die ich noch nicht hatte. Aber das hörte ganz schnell auf. Dann waren in den Tütchen ein paar Bildchen, die ich noch nicht hatte, und ein paar Bildchen, die ich schon hatte. Später waren in den Tütchen nur noch Bildchen, die ich schon hatte. Wenn mich am Anfang noch interessierte, was auf der Vorderseite war, nämlich Fußballspieler, interessierte mich später nur noch, was auf der Rückseite war, nämlich Nummern. Alle Männer verkamen zu Nummern. Es war so traurig.

Irgendwann kam der Zeitpunkt, an dem ich wusste, ich muss mit meiner Sucht an die Öffentlichkeit gehen. Ich kann das nicht mehr so heimlich machen, nein, nein, ich muss … in eine Tauschbörse.

Wer beim Panini-Bildchen-Tütchen-Kaufen immer den Satz auf der Zunge liegen hat: »Ich kauf das für meinen kleinen Bruder!«, der kann natürlich nicht auf eine Sammelbörse gehen, wo Menschen sind, von denen man gesehen werden könnte. Ich meldete mich also bei einer Tauschbörse im Internet an. Ich nannte mich Kirstin, so wie ich sowieso immer mal genannt werde, vornehmlich von Leuten mit Konzentrationsschwäche oder Kohlrabi im Ohr. Geheimtauscherin Kirstin Fuchs legte los. Ich musste in meinem Tauschpartnerprofil angeben, welche Nummern ich suche und welche Nummern ich doppelt habe. Eine Deppenarbeit für Hohlköpfe mit Synapsenvereiterung, die im Kindergarten sitzengeblieben sind. Aber mit dem halb vollen Album gab es kein Zurück mehr, dann wäre das ganze investierte Geld für die Katz gewesen. Ich entschied mich lieber, noch mehr Geld auszugeben, damit ich wenigstens ein volles Album für die Katz habe.

Nachdem ich also Nummern zwischen 1 und 500-irgendwas eingegeben hatte, errechnete die Tauschbörse mir flink-geschwind Tauschpartner, mit denen ich 20 Bildchen tauschen könnte oder 15 oder auch mal 24. Ich schrieb den Tauschpartnern schnörkellose E-Mails: Wollen wir tauschen? Liebe Grüße, Kirstin.

Zwei Tage saß ich auf meiner Tauschware, ohne eine Antwort von irgendwem. Die Kirstin in mir war traurig, nicht tieftraurig, nur flachtraurig. Nach drei Tagen bekam ich eine Anfrage, von jemandem, der drei Bildchen tauschen wollte. Drei! DREI! Das kann ich noch so oft hinschreiben. Davon wird es nicht mehr. DREI! Am selben Abend aber auch endlich eine Antwortmail, von einem wesentlich attraktiveren Tauschpartner. 16 Bilder! 16! Im Gegensatz dazu noch mal: DREI! Der Tauschpartner schrieb, er habe gerade mehrere Bilder getauscht und habe jetzt noch sieben von denen, die ich brauche. SIEBEN. Ich lehnte erbost ab. Unter seiner Würde muss man nicht tauschen, fand ich.

Es blieb unbefriedigend. Meistens bekam ich gar keine Antwort. Ich fühlte mich das erste Mal so frustriert wie der Großstadtsingle, der ich Gott sei Dank nie war. Und ich verstand, wie deprimierend es sein muss, sich und sein Material anzubieten und darauf entweder gar keine Antwort zu bekommen – und das, obwohl man extra die rasselenge Hose angezogen hatte. Oder man erfuhr, dass der feine Herr gestern schon gevögelt hatte. Und dann kommt zum Schluss des traurigen Tanzballs so ein minusorigineller Typ mit dem Zahnbelag einer kompletten Hauptschule und sagt: »Na, wie wär's? Willst du drei Bildchen tauschen?« DREI!

Ich fühlte mich so unattraktiv.

Ein paar Tauschaktionen kamen dann doch zustande, und ich erfuhr, dass in Bottrop echt Menschen wohnen.

Ich tauschte mit einem jungen Mann, der sich in der Tauschbörse »Calvin Klein« nannte und mir, als der Deal stand, seine Adresse mailte und tatsächlich Calvin Klein hieß. Was hatte der denn für Eltern mit lädiertem Mutter- und Vaterwitz? Dem wird doch bestimmt in der Schule ständig die Unterhose geklaut, oder sie rufen ihn gleich »Schlüpfer«. Und das in Schwieberdingen! Hartes Brot!

Ich schrieb die ulkigsten Straßennamen auf Briefumschläge und hatte den Eindruck, etwas über Deutschland zu erfahren – fragt sich nur, was. Ich schickte in die Rutschbahn 33, an den Sieben Morgen 8, nach Himmelsreich 84a und bekam dafür Bilder an Kirstin. Manchmal auch an Kirsten. Mein ganzes bisheriges Leben hatte ich mich gefragt, warum es den Leuten leichter fällt, sich Kirstin zu merken anstatt Kirsten, und als ich Kirstin hieß, konnten sie sich plötzlich Kirsten besser merken. Es konnte sich nur um Grütze statt Hirn handeln.

Zwischendurch aktualisierte ich meine Tauschliste und murmelte: »Das mach ich nie wieder.« Irgendwann bekam ich spitz, dass andere in der Tauschbörse nicht pflichtbewusst ihre Liste aktualisierten. Ich war schwer in Versuchung, denen allen E-Mails zu schicken und ihnen zu husten, dass sie unzuverlässige Tauschwarzen sind, mit null Verantwortungsgefühl und null Komma DREI sozialer Kompetenz.

Solche gottlosen, moosbumsenden, Calamari-Krabben und Korinthen kackenden – mir fallen nur Adjektive ein und kein Substantiv – ähm, Leute!

Das Gefühl des deprimierten Großstadtsingle stellte sich wieder ein. Das Nicht-Aktualisieren des veränderten Angebots an Bildern empfand ich wie das Tanzen mit einem Typen, der zum Ausgehen seinen Ehering abzieht.

Es gab aber auch schöne Momente – irgendwann war Portugal als erste Mannschaft komplett. Am selben Tag schlug mir ein Tauschpartner vor, nachdem ich meine Adresse gemailt hatte, nicht per Post zu tauschen, sondern sich zu treffen, weil er auch in Kreuzberg wohne. Ich war unsicher. Ich konnte mich doch nicht mit jemandem treffen, der tatsächlich dieses Hobby hatte, in das ich nur aus Versehen hineingeraten war. Was sind das für Menschen, die so was machen? Irgendeiner der vielen Stefans auf der Welt. Ich tat es dann doch. Wir trafen uns auf einem U-Bahnhof. Ich hatte geschrieben, dass ich ein gestreiftes Oberteil anhätte. Der irgendein Stefan hatte geschrieben, er hätte dunkelblonde kurze Haare und wäre 1,80 groß. Das ist ja nun so gut wie jeder! Auf dem Bahnsteig waren überall Mädchen und Frauen mit gestreiften Oberteilen.

Wir haben uns trotzdem gefunden. Er war sehr nett, fragte: »Du sammelst also Panini-Bilder«, und sagte, er mache es diese WM wirklich zum letzten Mal.

Ich sagte: »Ich auch!«

Wir überreichten uns, vor dem geputzten Auge der Überwachungskamera, zwei kleine Päckchen und gingen wieder auseinander. Vielleicht hat die BVG in der WM-Zeit mehrere solcher geheimer Übergaben aufgezeichnet und sich gewundert.

Die Maßnahme

Letztens schrieb mir mal wieder das Arbeitsamt. »Wie geht es Ihnen denn, Kundennummer 962 A210444? Uns geht es gut. Das Wetter ist ja großartig. Da könnte man die ganze Zeit ins Prinzenbad gehen. Leider müssen wir arbeiten, und Sie müssen zu einer Maßnahme. Bitte gehen Sie zum Profiling. Tschüss, Ihr Arbeitsamt.«

Kein Wort davon, wie lange das dauern würde, nur die ganze Rückseite voller Rechtsbelehrungen.

Es dauerte fünf Tage, fünf sonnige Tage in einem heißen Raum mit anderen jugendlichen Arbeitslosen, zu denen das Arbeitsamt folgende Theorie hatte: »Wenn die Luschen keine Arbeit haben, wissen die vielleicht gar nicht, was sie werden wollen. Dann machen wir doch mal ein Profiling mit den Luschen.«

Leider war das natürlich wieder rausgeschissenes Geld. Die Hälfte der Kursteilnehmer wusste, was sie wollte, und die andere Hälfte wusste auch, was sie wollte: nämlich nicht arbeiten. Das wusste auch der Kursleiter, aber er tat so, als würde das alles doch richtig Spaß machen.

Ein Kursteilnehmer hatte sogar schon zwei Profilingkurse hinter sich, den einen davon vier Monate lang, der war gerade vor zwei Wochen zu Ende gegangen. Noch dazu musste der junge Mensch nicht profiled werden, der hatte Dachdecker gelernt und wollte als Dachdecker arbeiten. Ganz klare Sache. Was aber dachte sich der Sachbearbeiter? »Der hat immer noch keine Arbeit? Der weiß wohl immer noch nicht, was er werden soll? Also noch mal fünf Tage.«

Keine Logik und kein Gott half, gnadenlos musste Zeit verplempert werden. Videos von 1994 über die allgemeine Marktlage, in denen längst verstorbene Firmensprecher von inzwischen insolventen Firmen Ratschläge gaben; Videos, die zeigten, dass man nicht im Jogginganzug, zu spät und nach Schultheiss stinkend zum Vorstellungstermin gehen soll. Das Größte aber waren die Listen. Listen über Listen über Listen. Listen zum Abhaken, Listen zum Ankreuzen, Listen zum Durchstreichen. »Gegenstände, mit denen ich gerne arbeite.« »Menschengruppen, mit denen ich gerne arbeiten würde.« »Probleme, die ich gerne bearbeiten würde« und »Fähigkeiten, die ich besitze«, »Fähigkeiten, die ich gut beherrsche« und »Fähigkeiten, die ich sehr gerne einsetze«. Ich wunderte mich nur, dass es keine Liste gab mit »Fähigkeiten, die man besitzt, aber nicht besitzen will«, z.B. »mit geschlossenem Mund rülpsen, bis einem das Bier aus der Nase kommt« oder »beim Partner alles falsch verstehen«. Und dann hätte ich auch gerne eine Liste gehabt mit »Fähigkeiten, die ich nicht habe, aber haben will«, z.B. »fliegen«, »Geld sparen« oder »arbeiten«.

Mit diesen Listen beschäftigte man uns gerade so einen Tag – aber auch nur wegen der vielen Raucherpausen. Dann schlug der Kursleiter am zweiten Tag fröhlich vor, wir sollten jetzt mal vorlesen, was unsere »Prioritätsverben« und unsere »Prioritätsgegenstände« sind. »Und dann wollen wir doch mal schaun, ob wir da nicht helfen können, wäre doch gelacht«, und dann lachte er. »Also, fangen Sie mal an! Die Verben mal, ja?«

»Ich bin Jussef, nich Jussuf, bin kein Türke, meine Worte sind arrangieren, begeistern, benutzen, betreiben, präsentieren, produzieren, testen, überzeugen, vereinigen, vermehren, vollziehen, zusammenarbeiten, erweitern, nehmen.«

Tja, klare Sache, der Junge musste Zuhälter werden. Leider war das Verb »zuhalten« nicht in der Liste. Während ich das dachte, machten die anderen Vorschläge. »Händler, würde ich sagen«, sagte der Kursleiter. »Vertreter. Verkäufer.«

»Gut, lies mal noch deine Gegenstände, Jussuf.«

»Ich heiß Jussef, ich bin Araber und kein Türke. Meine Gegenstände sind: Gummi, Textilien, Betten, Badewannen, Teppiche, Fleisch, Knöpfe, Reißverschlüsse, Mobiltelefon, Geld, Video.«

Ein dickes Mädchen sagte, sie glaube, Jussuf sollte mit Menschen arbeiten.

»Ich heiß Jussef«, sagte Jussef. »Arabisch ist 'ne ganz andere Sprache als Türkisch. Türkisches Glücksrad, ja? Ich kaufe ein Ü. Pling. Pling. Pling. Ü gibt's im Arabischen gar nicht. Jussef.«

»Das kommt von Joseph«, erklärte der smarte Junge, der sich als Abiturient herausstellen würde.

»Willst du mich verarschen? Nicht Joseph. Jussef!«

»Gut! Aha! Dann lesen *Sie* doch mal bitte Ihre Wörter!«, sagte der Kursleiter zu einem blonden Mädchen, das anschließend exakt dieselben Gegenstände wie Jussef vorlas und dann noch die Verben, die das Gegenteil von Jussefs Verben waren: geben, anbieten, aufnehmen, aufrechterhalten, aufstellen, bedienen, befolgen, bereitstellen, empfangen, helfen, waschen.

Und? Hatte da jemand eine Idee? Alle fanden, sie solle was Soziales machen.

Und weiter ging das lustige Beruferaten.

»Mein Name ist Jochen Röhmpagel, gelernter Metallbearbeiter, Traumberuf Bauhelfer. Meine Tuworte sind: arbeiten, aufbauen, ausführen, bauen, beseitigen, erledigen, herstellen, installieren, leisten, verarbeiten, zergliedern. Meine Nomen sind: Aluminium, Backstein, Eisen, Filz, Holz, Sperrholz, Stahl, Steine, Zement, Maschinen, Werkzeuge.«

Derselbe Jochen Röhmpagel war auch der Einzige, der am dritten Tag bei dem tollen Nasa-Spiel »Was würdet ihr alles mit auf eine Mondexpedition nehmen?« als Allereinziger Streichhölzer, ein Schlauchboot und einen Magnetkompass auf die Reise mitnehmen wollte. Dafür war er auch der Einzige, der sich am vierten Tag in die Arbeit abmelden konnte. Nicht so schwer bei dem Traumberuf Bauhelfer.

Der Kursleiter schlug ihm vor, er solle doch Hausmeister werden, das hieße jetzt Facility Manager. Das mache doch was her.

Dann gab es erst mal Streit, ob wir jetzt 'ne halbe Stunde Raucherpause machen könnten. So lange brauche man doch gar nicht. »Doch«, sagte der junge Mann, der deutlich ein Kiffer war, »ablenken, bekommen, beobachten, beziehen, entziehen, experimentieren, inspirieren, reisen, singen, spielen, bauen.« Seine Prioritätsgegenständen waren: Papier, Pflanzen, Stoff, Spielzeug, Farben, Behälter, Flaschen, Feuerzeuge, Medikamente, Schmerzmittel. Aus denen baute er sich in der Pause dann auch was Schönes. Und nach der Pause aß er drei Snickers und machte die schwachsinnigsten Vorschläge. »Werd doch Kanzler oder Insekt oder, oder noch besser, ich weiß – woah! – werd doch ich.«

Am dritten Tag spielten wir das Nasa-Spiel. Der blasse Junge neben mir stimmte allem zu, was ich zur Mondexpedition mitnehmen wollte, und wenn es Nylonstrümpfe wären. Die Verben des blassen Jungen waren: anpassen, befolgen, einordnen, folgen, gehorchen, integrieren, sortieren. »Mann, werd doch arbeitslos«, sagte der Kiffer. Arbeitslose wurden immer gebraucht.

Das Nasa-Spiel fanden alle ziemlich scheiße, vor allem weil wir zu wenig Informationen hatten. Wie weit war denn das Mutterschiff entfernt und wann hatten wir das letzte Mal vor der Expedition gegessen? Davon hing ab, ob wir die Dose Trockenmilch mitnahmen oder nicht.

Danach schauten wir mal wieder ein Video, und der, der sich als Abiturient zu erkennen gegeben hatte, durfte den Videorekorder bedienen. Ich hatte verschwiegen, dass ich auch Abi hatte, darum wurde mir nicht ständig vorgeworfen, ich würde allen die Ausbildungsplätze wegnehmen.

Jemand mit den Prioritätsgegenständen Dosenöffner, Tapeten, Atomkraftwerke, Gewehre, Angelruten, Düngemittel, Schaufeln, Perücken, Regenbekleidung sagte zu dem Abiturienten: »Eins sag ich dir ganz eilig, du kannst nix mehr wie ich. Ich lass mich doch nicht für blöd verarschen.«

Als der Abiturient ihm sagte, er sähe das auch so, sagte der mit den Prioritätsgegenständen Dosenöffner, Tapeten, Atomkraftwerke, Gewehre, Angelruten, Düngemittel, Schaufeln, Perücken, Regenbekleidung: »Hör bloß auf, ich lass mir doch von dir nicht meine Meinung einreden.«

»Sie waren der Dachdecker, nicht? Lesen Sie doch mal vor, bitte.«

»Klettern, hochklettern, runterklettern, runterkucken, decken, abdecken, ausbessern, schindeln, wärmedämmen, schiefern.«

»Und die Gegenstände bitte noch, damit wir Ihnen helfen können.«

»Schindeln, Ziegel, Holz, Regenrinnen, Dächer.«

»Aha! Fällt da jemandem was ein?«

Der Kiffer sagte: »Na so, wie heißt das denn, gleich fällt's mir ein, so ein Mann, der, also draußen, ja, Dachdecker vielleicht oder so. Also, Dachdecker vielleicht.«

Willkommen in Schlaffiland

Einige von euch haben bestimmt schon vom Schlaraffenland gehört, aber ich muss euch gleich enttäuschen, denn das Schlaraffenland gibt es nicht. Ihr müsst aber nicht in Tränen ausbrechen, denn dafür gibt es ein Land, das heißt Schlaffiland. Das ist an genau der Stelle, an der seit Märchengedenken das Schlaraffenland vermutet wird. Leider sind das auch schon alle Übereinstimmungen, denn in Schlaffiland wachsen keine Broiler an den Buchsbaumhecken, keine Klappstullen an der Kapuzinerkresse und nicht mal Bananen an den Birnenbäumen. Es fliegt auch kein Essen durch die Luft, außer wenn sich zwei Lahmschmarotzer streiten. Meistens klatscht das geworfene Essen dann an die Wand und hinterlässt nur einen stinkenden Fleck.

Man kann eigentlich auch nicht wirklich Essen zu dem sagen, was in Schlaffiland unter den Tisch und an die Wand kommt. Wenn ein Trägepelz schnell genug war, wird eine Schnecke gegrillt, aber das ist auch schon alles, was im Schlaffiland auf der Gourmetkarte steht.

Trotzdem ist Schlaffiland schön, es gibt einen König, der muss nie etwas entscheiden, und es gibt Blumen, die sind zu faul zu blühen. Sie sagen, dass sie sich aufheben für den richtigen Moment. Es sind christliche Blumen, die eines Tages verwelken, ohne geblüht zu haben. Die Bienen und Hummeln sind ohnehin zu faul, die Blüten zu bestäuben, weil sie vom eigenen Gesumme Kopfschmerzen bekommen, sagen sie.

In Schlaffiland gibt es für alles eine Ausrede. Es gibt eigentlich nichts anderes als Ausreden. Die häufigste ist, dass man ein guter Bürger von Schlaffiland sein will und deshalb den ganzen Tag abchillt.

In Schlaffiland verhungern sehr viele, weil sie zu faul sind zu essen, aber das macht nichts, weil man aus den Knochen lustige Oberschenkel-Flöten und Becken-Bongos bauen könnte. Das macht aber keiner, weil alle zu faul sind. Man könnte auch fröhliche Lieder singen, aber dazu müssten die Einwohner von Schlaffiland mehrfach nacheinander den Mund öffnen, und für so etwas sind sie zu faul.

Die Baumel-Lumme hingegen haben immer den Mund auf, sie sind wiederum zu faul, ihn zu schließen. Das sieht recht dumm aus, aber alle sind zu faul, darüber zu lachen.

In Schlaffiland gibt es große Pfützen, in denen man herumpanschen kann, aber keiner will sich schmutzig machen, weil alle zu faul sind, sich zu waschen. Eigentlich stinkt es überall. Aber die Bewohner von Schlaffiland sind zu faul zu riechen. Über der freien Republik Schlaffiland hängt tagein, tagaus ein Leichengeruch, für den sich niemand interessiert. Ab und an wird ein verendeter Bürger verspeist, aber eigentlich nur aus Zufall, wenn ein müder Nachbar über die Leiche fällt und in dem Moment gähnt. Der König hatte vor Jahren verboten, Anwohner zu essen, aber davon gibt es keine Kunde im Lande, denn es gibt keine Post, keine Presse und kein Interesse. Und darum weiß auch der König nicht, dass seine Anordnungen nicht befolgt werden. Es ist ihm ohnehin schnurzpiepe.

Wenn ihr euch nun fragt, wie man nach Schlaffiland kommt, frage ich mich, ob ihr mir eigentlich zugehört habt? Wollt ihr da wirklich hin? Na gut, ich sage euch, wie ihr dort hingelangt. Ihr müsst einfach aus Faulheit lange Zeit nicht aufstehen, und zwar nicht, wenn ihr krank seid. Nein, ihr habt irgendwie keine Lust, euch zu bewegen. Das kommt euch zu anstrengend vor, das würde euch so belasten. Ihr steht noch nicht einmal heimlich auf und schlurft zum Kühlschrank oder bestellt zwischendurch Pizza. Nein, ihr liegt einfach nur da. So kommt ihr nach Schlaffiland, der himmlischen Hölle für alle die, die zu faul sind zu sündigen.

Das beste Beispiel ist das schnöde Mammut. Das schnöde Mammut ist nicht etwa wegen der Eiszeit gestorben, nein, die hat es nämlich verpennt. Es hatte so lange herumgelegen, bis es überall mit Moos überwachsen war. Die fleißigen Ameisen hatten das schnöde Mammut schon als einen Berg in ihre Landkarte eingetragen, da war es auf einmal weg, flupp, da war es in Schlaffiland. Darüber haben sich die fleißigen Ameisen aber nicht geärgert. Ihre Landkarte war zwar nicht mehr korrekt, weil der »Moos mit Rüssel« genannte Berg plötzlich verschwunden war, aber die fleißigen Ameisen freuten sich, dass sie jetzt eine neue Landkarte anfertigen konnten und viel zu tun hatten und Überstunden machen konnten. Ameisen einzeln gesehen sind schon ein bisschen blöd, aber weil sie so viele sind, ergeben alle ihre minimalen Gedanken zusammen ein Bewusstsein wie das von weiblichen Teeniestars ungefähr. Das ist nicht viel, aber zum Überleben reicht es allemal. Ameisen quälen sich nicht mit großen Fragen, sondern schaffen die kleinen Fragen aus dem Weg. Und sie würden auch mit weniger als einem Bikini bekleidet nuttige Tanzbewegungen machen, wenn sie dafür Geld bekämen, aber es gibt keine Interessenten für eine Ameisenpeepshow.

Da das schnöde Mammut so nicht drauf war, landete es in Schlaffiland und gammelt da rum, bis es irgendwann ausstirbt. So ist das mit der Evolution.

Bis es so weit ist, lebt das schnöde Mammut so vor sich hin und hat einen Freund, mit dem es viel gemeinsam hat. Und zwar den Wal Mobbing Dick. Für so riesige Tiere wie Wale und Mammuts ist es fast normal, sich wenig zu bewegen. Wenn eine Ameise drei Schritte geht, ist sie immer noch da, wo sie vorher war, mal ganz ehrlich. Aber wenn ein Wal drei Schritte schwimmt, ist der Ozean zu Ende. Das macht doch wirklich keinen Spaß. Dann strandet so ein Wal und muss auf Greenpeace warten, damit die ihn wieder reinschieben. Das ist natürlich erniedrigend. Und darum lassen sich Wale manchmal einfach nur treiben und bewegen sich gar nicht, zumindest nicht von allein. Oft hängen Wale zusammen rum und reden Quatsch, dabei bewegen sie ihr Maul ausreichend und kommen deshalb nicht nach Schlaffiland – aber Mobbing Dick war nicht diese Art Wal. Mobbing Dick war ein fieser Kerl, der Kumpels Pupskissen unter die Flossen schob. Er klebte seinen Artgenossen auch Zettel auf den Rücken, auf denen »Sprotte« stand. Darum wollte irgendwann niemand mehr mit Mobbing Dick reden: Dieser Umstand, und dass er sich kaum bewegte, führte dazu, dass er nun im Schlaffiland hockte. Und dort mochte ihn eigentlich auch niemand. Das schnöde Mammut war da eine Ausnahme, aber das hatte auch Moos im Ohr und hörte Mobbing Dick nie zu. Ihre Freundschaft bestand darin, dass sie zusammen am Ufer vor sich hin stumpften und sich erzählten, warum sie hier waren. Sie könnten ja gar nichts dafür! Die anderen wären schuld. Sie wollten ja immer mal eine Diät machen, ja ja, und der Fitnessclub war zu klein und wollte sie als Mitglieder nicht aufnehmen. Ausreden über Ausreden.

Eigentlich hätte das schnöde Mammut auch mit anderen Faulenzern befreundet sein können, denn sie taten ja alle dasselbe, nämlich nichts, aber selbst in Schlaffiland war fast allen das schnöde Mammut zu schnöde. Auch die Punker wollten nicht mit dem schnöden Mammut abhängen, und die waren nun wirklich die Allerlangweiligsten in Schlaffiland überhaupt. Sie waren zu viert und sagten »Anarchy«, »Fuck«, »Scheiße« und »Hallo«. Jeder hatte ein Wort. Jedes Jahr an Weihnachten wollten sie die Worte neu verlosen, aber keiner von den vieren besorgte Zettel und Stift. Dann diskutierten sie.

»Hallo?«, sagte der eine Punker. Er meinte, dass die anderen sich ruhig mal bewegen könnten.

»Fuck!«, sagte der zweite. »Scheiße!«, sagte der dritte. »Anarchy!«, schloss der vierte die offene Diskussionsrunde ab, und damit war das Thema vertagt. Sie hatten jetzt ein ganzes Jahr Zeit, Zettel und Stift zu besorgen. Am liebsten wäre es den Punkern jedoch gewesen, wenn die Hippies einfach vorbeikämen, die hatten nämlich Malsachen. Außerdem gäbe es dann auch mal wieder andere Drogen. In Schlaffiland wurden natürlich keine Drogen angebaut, schon bei dem Wort »säen« schliefen alle ein. Die Punker waren mit einer nicht unbeachtlichen Menge Alkohol im Körper nach Schlaffiland gekommen und pullerten sich deshalb gegenseitig in den Mund. In der Hippiepisse war ihrer Meinung nach Haschisch. Und selbst wenn die Punker gewusst hätten, dass Alkohol und Haschisch im Körper irgendwann abgebaut werden, hätten sie sich weiterhin in den Mund gepullert. Denn dafür musste man nicht einmal aufstehen. Im Gegensatz dazu musste man aufstehen, um zu den Hippies zu gehen, und was sollte man dann sagen?

»Hallo!«, sagte der erste Punker.

»Fuck!«, sagte der zweite, »Scheiße!« der dritte und »Anarchy!« der vierte, und er hatte ja recht. Anarchy war, nur zu machen, wonach einem gerade der Sinn stand. Sie wollten einfach nur hier sitzen. Dann, eines Tages, starben sie jedoch an einer Urinvergiftung, alle vier, am selben Tag, als auch das schnöde Mammut starb und Mobbing Dick Depressionen bekam.

Der König der Freien Republik Schlaffiland hatte zwar irgendwann einmal Depressionen verboten, aber wen interessierte das schon?

Facebook 1886

Das Weibsvolk hatte sich raschelnden Rockes und klappernder Frauensohle in die Damengemächer zurückgezogen, um über das Klöppeln und Weben zu plappern wie ein munteres Rädchen im Bachlauf.

Ihre Männer, der schnauzlippige Graf Heinrich und der glatzbackige Graf Gustav, verdauten auf dem genoppten Ledersofa. Sie gingen ihrem Hobby nach: dem Rauchen von teurem Tabak auf Lunge. Da sagte Heinrich zu seinem langjährigen Gefährten: »Nun, ich denke, mit den Weibern ist's wie mit dem Mehle. Allzu viel zerreißt den Sack.«

Gustav verstand diese Frivolität des Freundes sogleich und lachte in hohem Bogen.

»Nun«, sprach er, als sein Gelächter aufgebraucht war, »nun, Gevatter Theodor sollte diesen ungemein gelungenen Scherz sogleich erfahren. Schickt doch einen Boten zu ihm. Der soll ihm diesen Scherz berichten. Ach, und Gevatter Karl ebenso. Und wer hätte noch Freude daran? Vielleicht Ludwig?«

»Einen Boten?«, fragte Heinrich. »Ich weiß nicht, vielleicht wäre eine Brieftaube besser? Fliegt sie nicht schneller, als ein Pferd galoppiert?«

»Nun, so schickt vier Tauben«, stimmte Gustav zu. »Ich will so lange hierbleiben und warten, welch Antwort die Freunde senden.«

So wurden vier Tauben geschickt, den entfernten Freunden den ungemein gelungenen Scherz weiterzutragen. Und keine Woche – da kehrte schon die erste Taube zurück.

Vetter Ludwig ließ wissen: »Und doch zerrisse es mir lieber den Sack vom Weib denn vom Mehle.« Dahinter ein seltsames Wort: »Lol.«

Heinrich und Gustav gaben sich genüsslich dem Lachen hin. Sie bogen dabei mehrmals die Oberkörper in alle Richtungen und rutschten hin und her, wobei ihre strammen Herrenhintern fast die Noppen des Sofas abrieben. Und als sie das Gelächter beendeten, fragten sie sich nicht mehr, was »Lol« zu bedeuten habe. »Lobpreiset lachend«, das musste es heißen.

Gleich darauf kam auch die zweite Taube zurück. Es galt, das Zettelchen vom Bein zu binden und geschwind zu lesen, welche Worte der Friedrich sandte. Der Friedrich hatte eine kleine Hand gemalt, die zur Faust geballt war, nur der Daumen stand hoch wie bei einem Kriegsversehrten, der sich beim Betätigen der Strandhaubitze im Winkel verrechnet hatte, weshalb die Munition ihre Explosionskraft schon bei der Hand des Kanoniers unter Beweis gestellt hatte. Die Handwurzelknochen hatte es zertrümmert und steif stand für immer der letzte Finger, der Daumen empor.

»Nun, was mag Friedrich uns damit sagen?«, fragte Gustav.

»Hier steht es, Gustav«, Heinrich wendete den Zettel: »Gefällt mir.«

»Oh fein, dem Friedrich hat es gefallen. Sende ihm sogleich eine Taube, dass es mir gefallen hat, dass es ihm gefallen hat, und lasse vom Familienzeichner eine ebensolche kleine Zeichnung einer verletzten Kanoniershand anfertigen.«

Derweil erreichte sie die Depesche von Karl. Auch seine Taube steuerte ein feines Sätzlein zur Diskussion bei. So wären denn mit Mehl und Eiern schon zwei Zutaten zum Kuchenbacken beisammen, und Milch hätten die Weiber ja ohnehin selbst. Dahinter zwei Punkte, ein Strich und ein kleiner Bogen :-), wie ein auf der Seite liegendes Gesicht, aber ohne Ohren. Doch das Gesicht war nicht betrübt ob der Tatsache, dass sie fehlten. Es lachte. Auch Gustav und Heinrich lachten. Danach beschlossen sie, dass es wohl geboten sei, vom Familienmaler neue Zeichnungen mit Kanoniersfäusten anzufertigen.

»Und weißt du, Heinrich, was ich für eine gute Idee habe?«, meldete sich Gustav.

»Nein, das weiß ich nicht. Erzähle es mir geschwind.«

»Lass uns auch Ludwig und Friedrich die vortreffliche Spitze von Gevatter Karl mitteilen.«

Und so sendeten sie an Karl eine Kanoniershand und an Ludwig und Friedrich eine Abschrift des Milch-Bonmots von Karl.

Nun hieß es wieder warten. Da ihnen derweil fad wurde und ihnen jede andere Betätigung im Vergleich zum Taubenschicken nicht zur Freude genügte, ersannen sie eine neue Denkwürdigkeit für ihre Freunde. Sie nannten es Rätselnüsse. Was ist golden am Bauch, doch schwarz am Rücken? Riecht hinten wie vorn und wird von Hasen ausgelacht? Ein inkontinenter Jagdhund war's, doch niemand würde diese Nuss wohl zu knacken wissen.

Freudig erregt sandten sie die Rätselnuss an insgesamt 50 Freunde, amüsierwillige Cousins und deren amüsierwillige Cousins.

Am Morgen des vierten Tages darauf kehrten über die Hälfte der Brieftauben zurück, und mit ihnen kamen Brieftauben aus anderen Taubenschlägen. Der Himmel war erfüllt vom Geflatter. Es kamen viele Kanoniersfäuste und heitere Antworten auf die Rätselnuss.

Gräfin Anna von vorn wie von hinten, sei die Lösung, schlug Freiherr Theodor vor.

»Köstlich, köstlich«, quiekte Heinrich. »Man schicke ihm eine doppelte Kanoniersfaust.«

Einige der Cousins der Cousins hatten sich ebenfalls Rätselnüsse ausgedacht. Es kamen zudem Tauben mit der Nachricht, dass ihr Rätsel an weitere Personen versandt worden war.

Inzwischen wurde es nötig, Tauben abzuweisen und wieder zurückzuschicken, denn kaum kamen Gustav und Heinrich hinterher mit dem Lesen und Beantworten. Die Weib-Mehl-Sack-Wechselrede war arg unübersichtlich geworden, und so fertigten sie ein Dokument mit einem Gesprächsverlauf. Dieses schickten sie an alle Beteiligten, damit diese nicht den Anschluss verloren und weiter am Disput teilnehmen konnten. Die Neuerung beim Taubenspiel, den Gesprächsverlauf für alle zu dokumentieren, machte es nötig, die Tauben in eine Kutsche zu setzen, denn sie waren nicht mehr in der Lage, die schweren Schriftrollen zu befördern.

»Ei, Gustav«, sagte Heinrich. »Wir haben lange nichts von unseren richtigen Freunden gehört und sie auch nicht von uns. Wir haben kaum Zeit genug, unsere Frauen zu küssen. Schicke doch einen Boten ins Nachbarzimmer, er soll mein Weib anstupsen.«

Das Problem

»Dit is dit Problem«, sagt der Linke.

Der Rechte nickt. Er sagt nichts. Er tut natürlich, als ob er nicht zuhört, aber dann hätte er nicht genickt, als der Linke sagte: *»Dit is dit Problem.«*

Das war also das Problem. Und ich dachte, das Problem wäre vor allem, am Unterleib zusammengewachsen zu sein.

»Dit is nich so schlimm, wenn et nur nich der da wäre«, sagt der Linke und zeigt mit dem Kopf auf den Rechten. Der Rechte nickt, obwohl er so tut, als ob er nicht zuhört.

»Komm, tauch ab«, sagt der Linke zu dem Rechten. Daraufhin setzt der Rechte seine Kopfhörer auf und hört Böhse Onkelz.

»Der is so blöd. Der weeß nich ma, dit Böhse Onkelz nich rechts is«, sagt der Linke.

Das ist also das Problem. Und ich dachte wirklich, zu zweit nur zwei Beine und einen Schwanz zu haben wäre doch blöd genug.

»Nee, dit jeht«, versichert der Linke. *»Dit is okay. Wir kommen viel mehr zum Pimpern. Unser Schwanz hat ja zwee Freundinnen. Die eene eng und die andere weich. Seine bläst ooch janz wundervoll.«* Der Linke nickt anerkennend. Sicherlich würde der Rechte auch nicken, wäre er nicht unter den Kopfhörern abgetaucht. *»Doch, die hat 'ne Zauberzunge«*, sagt er zu mir. *»Jut, sie is total bescheuert. Sie is natürlich ooch rechts, aber is ja nich meene.«* Er bestellt sich noch ein Bier, der Rechte bestellt sich auch gleich noch eins. *»Landet im selben Magen«*, sagt der Linke. *»Wir trinken zu ville. Ick dunklet. Er hellet.«*

Das ist also das Problem. Und ich dachte, es sei so schon schwer genug: ein Zimmer teilen, ein Leben teilen, einen Arsch teilen.

»Wenn du nun schwul wärst und dich jemand in den Arsch, also so anal …«, frage ich.

»Denn würda sich umbringen. Hatta mir schon jesagt, als ick so 'ne Idee ma hatte, weil mir mein bester Freund Chris so'n Anjebot jemacht hat. Da hilft natürlich ooch nich Musik mit Kopphörer zu hörn. Is ja ooch sein Arsch. Dit versteh ick sogar. Er darf sich dafür nich unsan Rücken tätowieren lassen. Er wollt 'nen Reichsadler druffhaben. Ick renn so nich rum. Schlimm jenug, dit ick immer ma wieda seine Thor-Steina-Bombajacke mit anziehen muss. Nee, nee dit is schon allet janz jut jeregelt. Wir ham für allet Mögliche Abmachungen. Eene Woche darf er hinjehen, wo er will, dafür hab ick freie Essensauswahl. Die andere Woche andersrum. Außadem ham wa wöchentlich wechselndet Schwanzrecht. Wichsen is vaboten. Ick lass ma doch nich ein' von mein' Bruder runterholn.«

Ich nicke verständnisvoll. Der Rechte hört nach wie vor Musik und beginnt eine zu rauchen.

»Immerhin hatta 'ne eigene Lunge«, sagt der Linke. *»Nur blöd, dit wenna Lungenkrebs hat, ick mit sterbe. Na ja, wenna jetzt unbedingt eene roochen will, bestell ick mir Bohnensalat. Er is nachher mit seine Freundin verabredet. Die wird sich freun. Vielleicht schmeißtse ihn sogar raus, denn kannick zu Hause pennen.«*

Das ist also das Problem. Ich hatte ja keine Ahnung. Ich hab natürlich gedacht, behindert sein ist schon schwer genug.

»Nö!«, sagt der Linke. *»Wir sin nich behindert. Wir spielen Fußball. Klare Kopfballvorteile, saick bloß. In der Schule läuft's ooch janz jut. Also bei mir bessa. Ick will ooch Abi machen. Er will gleich zum Bund. Ma sehn, wie wa dit hinkriejen.«*

Der Linke hat inzwischen Bohnensalat bestellt. Der Rechte kuckt ihn sauer an, aber diese Woche ist der Linke dran mit Essensauswahl. Das einzige Recht, was der Rechte im Moment hat, was das Essen angeht, ist, dass er etwas abhaben kann. Es geht nur um den Geschmack im Mund. Landet eh alles im selben Magen, wie ich inzwischen weiß. Der Linke hält dem Rechten die Gabel hin. Der Rechte schüttelt den Kopf.

Das ist also das Problem. Und ich dachte, es ist schwer, wenn man den gemeinsamen Arsch versohlt bekommt, wenn der andere was ausgefressen hat.

»Nö, unsa Vatta schlägt uns nur uffn Kopp. Unsa Vatta is'n sehr jerechter Mann. Ick krieg nich so ville ab«, sagt der Linke und isst seinen Bohnensalat, während der Rechte schon wieder eine raucht und Bier trinkt.

»Ick krieg dafür viel mehr Schläge von seine Kumpels. Wenn die keene andere Zecke finden, denn bin ick halt dran. Dit is scheiße. Meene Kumpels schlagen ihn nich. Wir schlagen überhaupt niemand. Ick bin Pazifist. Wir nerven ihn lieber, diskutieren mit ihm über Politik, treiben uns mit Türken und Schwarzen rum und mit Schwulen und so. Dit hassta. Aber wir können uns eijentlich nich am andan rächen. Jeder kriegt allet doppelt zurück. Jeh ick ihm mit der Jemäldegalerie uffn Keks, jeht er mir nächste Woche mit 'nem Fußballspiel uffn Sack. Jeh ick zun Karneval der Kulturen, jeht er zun Nazi-Aufmarsch. Immerhin kanna keen vernünftijen Hitlagruß machen, weil, die rechte Seite is ja meene. Und zackig marschieren is ooch nich drin, wenn ick mit meen Been nich mitmach. Außerdem issa eh 'n Krüppel für seine Kumpels.

Wenn ick aber übertreibe, also ›Nazis raus‹ schrei oder so, denn schreit er im Theater in der nächsten Woche ooch irjendwas. Na ja, wir könn' uns nich wirklich rächen. Prügeln ham wa ooch uffjejebn. Ick tret ihn, er tritt mich, er boxt mir, ick box ihn, wir spucken uns an, aber keener jewinnt. Wenn eena am Boden liegt, denn liegt der andere ja ooch am Boden. Und wenn eena ohnmächtig wird, denn wird der andre ooch ohnmächtig. Und außerdem darf man nich zu sehr zuschlagen, sonst schlägt man sich selba krankenhausreif, und denn liegen wa wochenlang rum. Hatten wa schon. Und kaum waren wa raus, haben wa uns jestritten, wer eijentlich schuld war, und allet fing von vorn an. Und denn wolln die Leute dazwischenjehn und sagen ›Auseinander!‹

Na, schön wär's, Mensch.«

Herr Wenzel

Mülltonnenhickhack mit Rosenstutz

Tag 0
Die Mülltonnen im Hof sind rappelvoll. In den letzten Wochen ist das ständig so. Die Ratten sind so verwöhnt, sie grüßen nicht mal mehr, wenn man seinen Müll bringt. Herr Wenzel hackt mit einem Spaten in eine Tonne, als ob er eine Leiche zerkleinert. Mir läuft ein kalter Schauer über den Rücken. Herr Wenzel ist ein Spitzenmodell von Hausmeister aus der Hausmeisterfabrik. Die Basisausstattung ist Trainingshose, Unterhemd, Wollmütze. Herr Wenzel hat noch die Extras: Zigarettenstummel, gelbe Finger, Hornbrille. Als er mich sieht, spuckt er aus und hilft mir ein Gespräch über. Er behauptet, die aus dem Nachbarhaus würden ihren Müll bei uns entsorgen. Dabei irrlichtern seine wässrigen blauen Augen hinter seiner Brille wie ganz am Ende von zwei Lupentunneln. Und das ist nur einer der Gründe, warum es nicht so schön ist, mit ihm zu reden.

Tag 4
Die Mülltonnen sind immer noch voll, obwohl die BSR morgens da war. Alfred aus dem ersten Stock erzählt, die BSR habe den Müll nicht aus den Tonnen bekommen, weil diese so fest gestopft waren. Alles Klopfen und Rütteln brachte nichts, außer dass Alfred davon wach wurde. Seit ein paar Tagen wird der Müll neben die Mülltonnen geworfen. Wo Müll liegt, kommt immer mehr Müll dazu. Schnell wachsende Müllgeschwüre. Die Ratten liegen auf dem Rücken, und ihre Beinchen und Ärmchen verschwinden langsam in ihren immer

dicker werdenden Körpern. Wenzel wenzelt im Hof umher. Er mäht Rasen. Dann steht er an der Hecke und stutzt. Er wippt mit einem Stück gestutzte Rosenhecke drohend Richtung Nachbarhaus.

Tag 6
Der Hausmeister vom Nachbarhaus redet laut mit einem Mieter seines Hauses und behauptet, die vom Nachbarhaus würden den Müll bei ihnen entsorgen. Er ist aus derselben Hausmeisterfabrik. Ungelogen hat er einen Kaiser-Wilhelm-Bart. Ich hab mir das nicht ausgedacht. Das wär mir viel zu blöde.

Tag 7
Die Mülltonnen sind endlich geleert worden. Als ich drei Stunden später meinen Müll wegbringe, sind alle Mülltonnen halb voll mit Rosenstutz, auch die gelbe Tonne. Wenzel springt hinter der Kellertür hervor und hilft mir mal wieder einen Monolog über, den ich abnicken darf. Jeder Mensch auf der Welt, findet Wenzel, darf nur genauso viel Müll wegwerfen wie die anderen. Da wirft doch jemand mit Heckenscheren, der im Schuppen sitzt, denke ich, sage aber nichts. Soll er doch eine Partei gründen mit dem Programm. Die Mülldemokratie.

Tag 8
Ein handgeschriebener Zettel hängt im Hausflur: Die Mülltüten seien doch bitte auszukippen, damit mehr Müll in die Mülltonnen passe. Gezeichnet, die Hausverwaltung. Die Hausverwaltung hat noch nie einen handgeschriebenen Zettel in den Hausflur gehängt.

Tag 9
Ich stopfe nachmittags meine Mülltüte unter den Deckel der Mülltonne. Mülltonne schon wieder voll. Mülltüte ausleeren wäre in dieser Situation der Beginn einer lustigen Umdekorierungsparty, die der Wind über Nacht im ganzen Hof feiern könnte. Am Abend klebt ein Zettel an meiner Tür. Selbe Handschrift wie die Hausverwaltung. Da waren unsere Hausverwalter Neumanns aber auf Achse, wo sie doch in Charlottenburg wohnen.

Sehr geehrte Frau Fuchs,

leider musste ich feststellen, dass Sie Ihre Mülltüten nicht ausleeren und somit anderen Mietern nicht die Gelegenheit geben, ihren Müll unter diesen Umständen zu entsorgen. Außerdem bitte ich Sie, den Müll vom Küchenmüll zu trennen. Ich bin nicht gewillt, Ihren Müll mit meinen Händen zu sortieren und mir irgendwelche ansteckenden Krankheiten einzufangen.

Hochachtungsvoll,
Ihr Rüdiger Wenzel

Tag 10

Ich überlege, einen Brief an hochachtungsvoll Rüdiger zu schreiben, um zu fragen, warum derjenige, der Rosenstutz weggeworfen hat, keinen Zettel an der Tür hat, oder ob sich Herr Wenzel den Zettel von innen an die Tür geklebt habe. Ich würde zugeben, mehrere ansteckende Krankheiten zu haben, und ihm raten, meinen Müll nur mit zehn Kondomen über jedem seiner Griffel anzufassen. Ich überlege den Brief gleich in die Mülltonne zu werfen. Das ist der sicherste Postweg zu Wenzel. Als ich den Brief zu Ende geschrieben habe, finde ich es karmisch ungeschickt, mich selbst auf hochachtungsvoll Rüdigers Niveau hinabzustürzen. Ich zerreiße den Brief in ganz kleine Schnipsel, bevor ich ihn wegwerfe, dann habe ich Angst, Wenzel könnte ihn wieder zusammenpuzzeln. Ich krame die Schnipsel aus dem Müll und esse sie auf. Wenn ich wirklich ansteckende Krankheiten hätte, dann hätte ich mich mit der Aktion selber angesteckt.

Tag 13

Wenzel lauert mir vor der Haustür auf, fragt, warum ich gegen ihn arbeite. Ich finde Mülltüte auskippen eklig, sage ich. Neumanns, unsere Hausverwaltung, wollen es aber so, sagt er. Neumanns würde ich mich beugen, sage ich. Als ich mich so zahm zeige, muss Wenzel lächeln. Seit seine Frau tot ist …, seufzt er, er vermisse sie so, sagt er. Ich nicke traurig. Dann berichtet Wenzel, dass der Schwule aus dem Nachbarhaus gestern 17 Uhr einen neuen Fernseher geliefert bekommen habe, 18 Uhr sei der Pappkarton im Hof gewesen. Da isses bei mir wieder vorbei mit Mitleid mit der Wenzelwanze. Wenzel fuchtelt weiter herum und klagt an: Der Türke aus der Parallelstraße würde sein Auto bei uns parken, darum sei unsere Mülltonne mit dem gelben Punkt nicht abgeholt worden. Mir wird ganz eklig bei dem Gedanken, dass mir da jemand gegenübersteht, für den Auftrag Auftrag ist, einfach weil es Auftrag ist. Der ist doch völlig verschäferhundet unterm Scheitel. Jetzt endlich, wo er Rentner sei, habe er Zeit, sich um alles zu kümmern. Aha, Rentner ist er jetzt also. Seit drei Wochen, sagt er. Also seit die Mülltonnen immer so voll sind?, frage ich. Darauf nicht Bezug nehmend, wettert Wenzel, er werde es Neumanns melden, wer sich nicht daran halte, die Mülltüten auszukippen. Das seien alles Adressen aus dem Haus gewesen in den Mülltüten. Herr Wenzel, sage ich liebevoll, als wolle ich flirten, Sie wühlen in meinem Müll, Sie schlimmer Finger. Das ist aber verboten, sage ich. Glaubt er nicht, sagt er. Gut, ich werde jetzt eben meine Mülltüten auskippen, willige ich ein. Wir gehen in Frieden auseinander. Ganz dicke Freunde sind wir, Herr Wenzel und ich.

Tag 14

Alfred berichtet mir, dass Wenzel sich über mich beschwert habe. Direkt vor Alfreds Tür habe er mit dem jungen Matschewski aus dem Matschewski-Clan gesprochen. Frech sei ich, Wenzels Meinung nach. Ja, da waren Umschläge mit dem Namen von Frau Fuchs drauf in den Mülltüten, Frau Fuchs stand da, und nur Frau Fuchs hieße im Haus immerhin Frau Fuchs. Das stimmt, habe der junge Matschewski beigepflichtet. So was hätte es zu seiner Zeit nicht gegeben, habe Wenzel daraufhin ausgerufen, sagt Alfred. Und daraufhin habe der junge Matschewski gesagt, sagt Alfred, nee, zu seiner Zeit auch nicht. Fragt sich bei einem 19-Jährigen, wann denn seine Zeit war? Das hat doch echt ein Stromsparhirn, das Kerlchen. Vermutlich ist nie seine Zeit.

Tag 16

Die Mülltonnen sind weg. Vielleicht weggeworfen, in die Mülltonnen des Nachbarhauses. Vielleicht sollen wir den Müll zu Wenzel persönlich bringen, damit er ihn in der Wohnung sortieren kann. Wenzel erzählt Opa Matschewski laut, damit es auch alle im Haus hören, dass die Mülltonnen jetzt im Keller sind, weil so nur Mieter des Hauses rankommen, nicht der Schwule von nebenan und der Türke aus der Parallelstraße oder – Gott behüte – ein schwuler Türke am Ende gar.

Tag 18

Ich will mein Fahrrad aus dem Keller holen und habe nur den allgemeinen Kellerschlüssel mit, aber nicht den Schlüssel zu meinem Keller. Ich muss also zurück in meine Wohnung. Da ich gleich wieder runterhüpfen will, lasse ich den Keller auf, und bums … Zettel an der Wohnungstür. Sehr geehrte … jaja, klar. Die Kellertür sei immer abzuschließen.

Warum immer ich? Alfred wirft seinen Müll weiterhin in der Tüte weg, der Widerständler, aber alles, was auf ihn hinweisen könnte, entsorgt er in Reinickendorf bei seinen Eltern.

Tag 20

Frau Neumann von der Hausverwaltung ruft mich an. Es gäbe Beschwerden. Oha, denke ich, jetzt kommt's dicke. Dann kommt's ganz dünne. Mein Hund hätte einen Pfotenabdruck auf der Treppe hinterlassen, ich hätte nachts bei offenem Fenster gepfiffen. Ich entschuldige mich. Neumanns sagen, wir sollen Wenzel nicht so ernst nehmen. Von dem ganzen Mülltütenhickhack wissen sie gar nichts. Nein, sie wollen nur, dass wir alle vier Tonnen vernünftig nutzen. Müll trennen, nichts Falsches in die Gelber-Punkt-Tonne werfen, weil die sonst nicht abgeholt wird. Is klar, sage ich. Rosenstutz zum Beispiel nicht. Nein, Rosenstutz gehöre da nicht rein.

Selber Tag: Ich treffe Oma Matschewski, sage ihr, dass Neumanns gar nichts vom Mülltütenausleeren wissen. Oma Matschewski sagt stolz, ja, das haben sie sich zusammen mit Herrn Wenzel ausgedacht. Ich frage, seit wann sie die Hausverwaltung sind. Ach, na ja, wird mir sinngemäß geantwortet.

Tag 21

Aileen von oben erzählt mir, Wenzel hätte sich bei ihr beschwert, dass ich immer wieder die Zettel von meiner Tür entferne. Er hatte sich also davon versprochen, ich würde aus meiner Tür einen Pranger machen lassen. Ich überlege, Wenzelchen ein paar Zettelchen ans Türchen zu kleben: *Ich wühle im Müll. Zettel an der Tür sind gut. Ich bin eine arme gescheiterte, hochachtungsvolle Existenz, die sich nur mit Müll beschäftigen kann.*

Tag 22

Der Müll wird mal wieder nicht abgeholt. Natürlich hat die Müllabfuhr die Mülltonnen im Keller nicht finden können. Im Keller stinkt es.

Tag 23

Herr Wenzel schließt alle naselang die Haustür ab. Immerzu klopft es im Keller. Wenzel baut irgendwas Gruseliges. Ich will es gar nicht wissen. Die Heizung geht nicht.

Tag 24

Es klopft wieder im Keller. Das Licht im Hausflur ist daraufhin kaputt. Wenzel scheint zu hoffen, jemand kommt zu ihm und bittet ihn zu reparieren, was er kaputt gemacht hat.

Tag 25

Abends Geschrei im Hausflur. Wenzels Stimme klingt, als ob morsche Rumfässer eine Stiege runterpoltern. Er streitet mit einem Mann, den er Neger nennt. Ich vermute, dass das Aileens neuer Freund ist. Der ist dunkler als Wenzel, aber im dunklen Hausflur – das Licht ist immer noch kaputt – sind wir alle Neger. Wenzel ist außer sich und seiner Wohnung, dass jemand ins Haus gekommen ist, den er nicht kennt. Unten war doch abgeschlossen. Das kann Wenzel nicht fassen. Er hat bestimmt Angst, der schwarze Mann könnte zaubern. Und das alles nur, weil Aileen ihrem neuen Freund den Schlüssel runtergeworfen hat. Wenzel ist lautstark der Meinung, der Fremde solle zurück in seinen Dschungel. Der Fremde lacht und ist der Meinung, Wenzel solle zurück in seine Wohnung. Ich hab hier das Sagen!, bellt Wenzel, der überdrehte Wachhund. Richtig sicher ist er sich aber doch nicht, ob das stimmt, dass er hier das Sagen hat, denn er will lieber die Polizei dazuholen. Der Fremde findet, das sei eine gute Idee. Soll er doch die Polizei holen, dann wäre es ja lustig zu sehen, was er denen zu sagen hat.

Tag 26

Aileen ist ihm nun nicht mehr lieber als ich. Herr Wenzel beklagt sich bei mir über sie, bei ihr über mich. Er habe ja gar nicht gegen Neger und auch nichts gegen Mischlingshunde. Er versucht, meinem Hund den Kopf zu tätscheln. Der verkriecht sich hinter mir.

Tag 27

Am nächsten Tag ist die Klingelanlage kaputt. Da unten immerzu abgeschlossen ist, kommt niemand mehr rein. Wir sind jetzt eine Festung.

Wie es weitergeht

Neumanns geben zu, dass sie Geld von der überfüllten Klapse bekommen, damit Herr Wenzel weiter bei uns wohnen darf. Wir bekommen alle Mietminderung, weil er im Haus ist. Herr Wenzel zieht in die Mülltonnen im Keller. Er ruft aus dem Kellerfenster, wir sollen unsere Schuhe im Hausflur ausziehen, den Hunden die schmutzigen Pfoten abhacken und das Blut dann gleich wegwischen. Wir bauen eine Leiter ans Haus. Außer dem Matschewski-Clan und Wenzel muss somit niemand mehr in den Hausflur. Auf unserer Leiter kleben lustige Antirutschmatten in Multikulti-Farben, es gibt Kaffee und Kuchen, Schwule feiern Hochzeit. Wenzel verlegt alle Hauptschalter in die Mülltonnen, schaltet den Strom an und aus, die Heizung an und aus, Countrymusik an und aus.

Wir bauen Kachelöfen. Wir bringen den Hunden bei, im großen Hamsterrad zu rennen. Das macht ihnen Spaß. Der Dynamo läuft heiß.

Wenzel sitzt im Keller in einer Tonne und stinkt.

Sachen, die ihr über Spinnen wissen wolltet

Ja, ja, ich ahne es schon, ihr findet, Spinnen sind eklig. Ihr wollt nicht erfahren, wo sie ihre Netze hinkleben, sondern wo nicht. Ihr wollt auch nicht wissen, dass es weltweit über 42 000 Arten gibt und dass pro Wald ungefähr so viele Spinnen ihren alltäglichen geschäftigen Krabbeltätigkeiten nachgehen, dass auf jeden existierenden Menschen zwei Spinnen kommen. Pro Wald – zwei Spinnen auf jeden von uns. Doppelte Weltbevölkerung! Ihr wollt das gar nicht wissen. Ihr wollt an was Schöneres denken als an Spinnen, aber gibt es denn etwas Schöneres? Solch faszinierende Tiere!

Das Vorderteil der Spinnen heißt Kopfbrust. Dann ist da noch der Hinterleib, und da sind unten so kleine Spinnenwarzen dran, mit denen das Tier verschiedene Sachen vollbringen kann. An der Kopfbrust hat die Spinne acht Gliedmaßen. Macht zusammen vier Paar, also acht Beine. Das sind zu viele, ich weiß. Das ist genau das, was dieses kitzlige Gefühl im Nacken hervorruft, aber ich habe ja nicht gesagt, dass ihr es euch vorstellen sollt. Stellt es euch einfach nicht vor. Denkt nicht daran, wie eine Spinne aussieht, wie sie läuft – viel zu schnell, das widerwärtige Vieh –, wie sie euren Arm hochrennt mit ihren acht Beinen. Viel zu schnell. Den Arm hoch, übers Gesicht und rein in den schreienden Mund.

Statistisch verschluckt jeder Mensch in seinem Leben zwei Spinnen im Schlaf. Denkt nie wieder daran!

Ich finde Spinnen interessant und darum dränge ich euch jetzt mein Wissen über diese besonderen Tiere auf. Ihr dürft bloß nicht in eurem Kopf ein Bild entstehen lassen, zum Beispiel das einer Kreuzspinne. Konzentriert euch einfach mal auf was anderes als diese acht Beine, gestreift und fett. Und den zum Zerplatzen prallen

Körper, der aussieht, als ob er pffft macht, wenn man barfuß drauftritt. Kreuzspinnen bauen wunderschöne Netze. Diese ausgewogenen Räder, in denen der Tau kitschig perlt. Das sind die Netze von Kreuzspinnen. Die Netze könnt ihr euch ruhig vorstellen. Die sind ja ästhetisch. Wie sie da hängen im Wald. Ungefähr in einer Höhe von anderthalb bis zwei Metern. Genau die Höhe, dass man beim Pilzesammeln mitten hineinrennt und dann gar nicht so schnell im Gesicht herumwischen kann, wie man will. Bloß nicht schreien, denn Kreuzspinnen sind die einzigen Spinnen, die den ganzen Tag mitten in ihrem Netz auf Beute warten. Wenn man schreit, hat man, zack, eine Spinne verschluckt. Und dann denkt ihr, gut, jetzt hab ich wenigstens schon eine der zwei Spinnen verschluckt, die mir in meinem Leben statistisch zustehen, aber nein, ihr wart ja wach. Die Statistik handelt von im Schlaf verschluckten Spinnen.

Nicht so schöne Netze baut die Winkelspinne. Die heißt so, weil sie in Winkeln ihre biologische Nische gefunden hat, dort hockt sie rum, und zwar ausschließlich. Sie ist eine dieser fiesen Mitbewohner des Menschen – die Spinne, die am häufigsten in Gebäuden vorkommt – und meiner Meinung nach auch eine der spinnigsten überhaupt im Sinne von erschreckend. Sie ist schwarz, 18 Millimeter groß, von lederner, glatter Beschaffenheit mit fast muskulösen Beinen und scheißflink. Nachts läuft sie unwahrscheinlich viel umher in eurer Wohnung, in der ihr gerade mit offenem Mund schlaft. Manchmal verirrt sie sich in Waschbecken und kommt nicht mehr an den glatten Wänden hoch mit ihren Beinchen. Mir ist so ein Tierchen mal im Handtuch begegnet. Als ich mir den Mund abgewischt habe, kam sie – krabbelkrabbelkrabbel – genau auf mein Gesicht zugerannt. Gott sei Dank stand ich gerade vor dem Spiegel und konnte das Handtuch schnell genug von mir werfen, bevor mir die Spinne in die Nase rannte. Wer weiß, wie viele Spinnen man statistisch in seinem Leben in der Nase hat! Stellt euch das bloß nicht vor. Wie sie in den Nasenhaaren mit ihren Beinen hängen bleiben und voller Angst weiter reinflüchten in das dunkle Gewölbe.

So, nun aber weiter zu den faszinierenden Angewohnheiten dieser Tiere. Es gibt ja noch Unmengen von Spinnen, die sich eher selten bei einem zu Hause blicken lassen. Da wäre zum Beispiel die Gerandete Jagdspinne, groß und langbeinig. Eine der größten heimischen Spinnen. 30 Millimeter. Sie können auf dem Wasser laufen und Jungfische und Jungfrösche fangen. Es sind halt Jagdspinnen. Sie können auch sehr gut sehen. Das mag etwas bedrohlich scheinen, weil einen der Wahn ereilen könnte, die Spinne wäre in der Lage, mich oder euch zu verfolgen, wenn sie wollte. Außerdem springt sie ihre Beute an. Ihr geht am See spazieren, und so eine 30-Millimeter-Spinne springt euch an, weil sie euch mit einem Jungfrosch verwechselt. Nicht schreien. Ihr wisst ja: zwei Spinnen im Leben, und wenn die dann auch noch so groß ist, erstickt ihr vielleicht daran.

Viele Spinnen bauen ihre Netze sehr gerne in Wassernähe, weil da so viele Insekten rumschwirren. Durch Prag fließt ja beispielsweise die Moldau. Da haben geschickte Kunsthandwerker vor Jahrzehnten ein feines gusseisernes Jugendstilgeländer geschmiedet, und das ziert das Ufer, aber es ist einfach nur komplett voller recht großer Spinnen und ihrer Webkunst. In Berlin werden die Spinnen und ihr Werk von den Geländern immer mal entfernt, mit einem Spinnensauger – bestimmt auch ein schöner Job –, aber Prag hat dafür kein Geld, zumindest als ich dort in jüngeren Jahren meinen Sommerurlaub verbrachte. Tagsüber ist es nicht so dramatisch, dass sich am Ufer Schmiedekunst und Webkunst verbinden, aber nachts wird das Geländer beleuchtet, und das zieht die Mücken an, und die fliegen ahnungslos in die Netze. Durch das Zappeln der Opfer alarmiert, legen die Spinnen los. Es ist, als ob das ganze Geländer lebt. Na gut, kann man sich fernhalten, wenn man sich offenen Auges durch seine Umwelt bewegt. Viele Liebespaare haben aber nur Augen füreinander und knutschen extra ganz wild und romantisch in Wassernähe, die Frau zwischen den behaarten Armen des Mannes – sind es noch seine Haare oder schon lauter Spinnenbeine? –, eng an ihn und das Geländer geschmiegt, mit kurzem Kleid, das eine Bein umklammert seine. Mein Gott, hat er flinke Finger … Ich will das gar nicht zu Ende denken.

Eine andere Spinne, mit der ihr bestimmt schon Kontakt hattet, ist die Wolfsspinne, dunkelbraun mit hellen Streifen auf der Oberseite der Kopfbrust. Sie ist eine typische Gebüschspinne. Ihr pflückt Himbeeren und sie rennt – kribbelkribbelkribbel – euren Arm hoch. Oder sie pausiert auf der Himbeere, die ihr euch in den Mund steckt, und geht somit mit dem viel größeren Schaden aus dieser Situation hervor, aber das interessiert euch natürlich nicht, während ihr die Himbeere panisch auf den Feldweg spuckt.

Die Wolfsspinne jedenfalls beißt die Beute mit ihren Kieferklauen und vergiftet sie. Dann zersetzt sich das Opfer und die Spinne zutscht den Brei später ein. In meinem Tierbuch steht: »Bei uns lebende Wolfsspinnen sind für den Menschen harmlos.« Das klingt gut, oder? Das heißt aber, woanders ist das anders. Wer eine Spinnenphobie hat, sollte Europa sowieso nicht verlassen.

Was wirklich Spektakuläres macht die Raubspinne. Das Männchen bringt vor sich hergerollt dem Weibchen ein Brautgeschenk, eine eingesponnene Mücke oder so, und wenn das Weibchen das Geschenk annimmt, vollzieht das Männchen schnell die Paarung, solange das Weibchen noch satt ist. Das ist Prostitution, ganz klar, aber interessant ist es trotzdem. Und in meinem Tierbuch ist auch ein tolles Foto davon. Nicht eine Spinne, nein, zwei, die es auch noch miteinander treiben. Er kuckt so wie »Pass auf, Baby, ich hab dir 'ne Mücke gebracht, jetzt zick nicht rum, mach die Beine breit und die auch und die auch und die auch ...« – zusammen macht das 16 Beine, auch noch gespreizt und zwischendrin das versponnene Brautgeschenk.

Und jetzt will ich euch noch etwas erläutern, was ihr vielleicht schon wisst, aber es hat euch nicht gejuckt. Ihr habt bestimmt auch schon einmal in eurem Leben einem Opa Langbein Beine ausgerissen oder wart Zeuge dieses miesen Aktes von Kindheitsexperimenten. Und was passiert dann? Richtig, die Beine zucken noch eine Weile. Das Erste, was ich dazu mitteilen möchte, ist: Die Langbeins, auch bekannt unter dem Namen Weberknecht, sind keine Spinnen, sondern Spinnentiere, denn sie haben weder Gift- noch Spinndrüsen, dafür haben sie zwei lange Fühler, die aussehen wie Beine, aber keine sind. Das andere, was ich zu diesem Thema zu sagen habe, ist: Macht das nicht, denn Tiere quält man nicht zum Scherz, nur für Kosmetikartikel. Und das Letzte, worum ich euch bitte: Reagiert so auf die zuckenden Beine des Weberknechtes, wie es die Natur vorgesehen hat. Seid irritiert, denn das ist der Sinn. Der Feind soll irritiert sein, damit das verletzte Tier weghumpeln kann, während ihr noch verblüfft auf das zappelnde Etwas starrt. Macht der Natur die Freude, dass ihr Plan funktioniert. Sie hat jahrhundertelang daran gearbeitet, und ihr solltet da verdammt noch mal mitspielen, anstatt Opa Langbein auch noch die restlichen Beine zu nehmen, denn wegrollen kann er nicht.

Und als Letztes noch etwas über eine einheimische Spinne namens Schneckenkanker. Sie ist zwar nur neun Millimeter groß, aber um genauso kreischerregend zu sein wie die Großen, hat sie gewaltige Kieferklauen, die mit einer Länge von zehn Millimetern größer sind als der Rest der schwarz glänzenden Spinne. Sie ernährt sich von Schnecken, das sagt ja schon der Name. Und zwar knackt sie mit ihren riesigen Kiefern Schneckengehäuse auf und frisst dann das wehrlose Weichtier. Das sollte euch nicht kaltlassen. Veranschaulicht euch das einfach mal: Ihr sitzt zu Hause, und plötzlich kommen gewaltige Klauen durchs Mauerwerk. Die Wände zerbrechen, und ein klebriger Mund kommt euch immer näher. In dieser Panik sind Tausende, ach Millionen von Schnecken gestorben, und der Mensch hat es wieder nicht bemerkt, weil ihm das Leiden zu klein ist, weil er nicht dafür spenden kann.

Wer sind wir denn, dass wir entscheiden, was wichtig ist und was nicht? Versetzt euch doch mal in die Schnecke. »Was ist denn daaas? Was ist denn daaas? Ein Bein. Ein Bein. Noch ein Bein. Und noch mehr davon. Eine Spinne. Was macht sie denn da? Was macht sie denn da? Was macht sie … Ja, was macht sie denn da? Ich muss weglaufen. Ganz schneeell …«

Und dann seid ihr tot.

Da kitzelt es mich gleich vor lauter Interesse.

Wehenkraftwerk

Heute ist unser erster Infotermin. Wir gehen in ein Haus, bei dem der Stuck abgeschlagen wurde. Danach wurde alles verputzt und gelb angestrichen. Es sieht ein bisschen aus wie ein alter Zahn mit Fenstern. »Aufgeregt?«, fragt Tom. »Ein bisschen«, sage ich. Wir halten uns an den Händen. Tom hilft mir aus dem Mantel. Mein beeindruckender Bauch kommt zum Vorschein. Sieben Monate erst und schon so ein Riesenkürbis. Tom legt kurz seine Hand darauf und nickt mir zu.

Frau Jäger holt uns in den vorderen Beratungsräumen ab und bringt uns in einen der hinteren. Überall im Flur hängen die Poster, die wir in der Stadt gesehen haben. Eine Frau ist darauf mit einem noch dickeren Bauch als der meine. Auf ihrem Bauch ist das Bild einer klassischen alten Windmühle zu sehen. »Der Wind wird bald aus anderer Richtung wehen. Wehenkraftwerk«, steht da. Das finden wir witzig. Tom zeigt auf das Poster. Ich nicke.

Frau Jäger bringt zwei Gläser, eine Flasche Wasser und einen Hefter. In dem Hefter sind meine Unterlagen. Der Frauenarzt hat sie hierher geschickt. »Gut, dieses Gespräch ist vor allem für Sie, denn von unserer Warte aus ist alles in Ordnung mit Ihrer Bewerbung. Wenn alles einen normalen Verlauf nimmt, werden wir hier in zwei Monaten von Ihnen jede Menge Wehenkraft bekommen. UND natürlich ein ganz wunderbares Kind. Obwohl wir ein Wehenkraftwerk sind, ist für uns die Wehenkraft nur das Nebenprodukt einer Geburt. Alle Frauen, die hier arbeiten, sind Hebammen. Ich bringe seit 30 Jahren Kinder auf die Welt.«

Frau Jäger sieht uns erwartungsvoll an. Ich weiß nicht, ob sie von uns hören möchte, dass wir ihnen vertrauen. Natürlich vertrauen wir ihnen. Sonst wären wir nicht hier. Ich nicke Tom zu. Tom nickt Frau Jäger zu.

»So, wie gut sind Sie denn über Wehenstrom informiert?«, Frau Jäger hat gleich drei Broschüren zur Hand.

»Also, das haben wir alles schon durchgesehen«, sagt Tom.

»Beziehen Sie selbst …?«

Wir schütteln die Köpfe.

»Natürlich soll es hier ganz ums Kind gehen, aber Sie müssen wissen, dass Sie Wehenstrom preiswerter beziehen können, sobald Sie einmal in unser Netz eingespeist haben, sofern die Wehenleistung über 30 Senkwehen liegt beziehungsweise 17 Stoßwehen beziehungsweise vier Austreibungswehen. Bei einer Sturzgeburt können wir Ihnen kein Angebot als Wehenstrombezieher unterbreiten. Da können wir nur Sie und das Kind versorgen und den Flur wischen.«

Tom kratzt sich am Kopf. Ich lege ihm die Hand aufs Knie.

»Falls Sie sich fragen, wie wir auf diese Idee gekommen sind, hierzu ein paar kleine Geschichten.« Tom und ich sehen uns an. Wir haben uns bis jetzt nicht gefragt, wie sie auf diese Idee gekommen sind. Ich habe mehrere Stunden das Armdrücken gegen Tom gewonnen, bevor unsere Erstgeborene da war. Wehenkraft war uns sofort einleuchtend.

Frau Jäger erzählt, was sie in den 30 Jahren Hebammentätigkeit erlebt hat. Frauen hätten ihre Männer verknotet, die Heizungen von der Wand gerissen, die Gymnastikbälle zerbissen, das Geburtshaus abgerissen UND wieder aufgebaut. Das war allerdings bei der Geburt von Drillingen.

Und da dachte Frau Jäger, dass dies zwar alles hilfreich sei, die Schmerzen zu ertragen, aber doch sonst pure Energieverschwendung in einer Zeit, wo es gelte, alternative Energien zu nutzen. Schnell sei klar gewesen, dass eine direkte Energiegewinnung nicht möglich sei, denn die oftmals störrischen Wehenden hätten sich geweigert, in einem großen Hamsterrad zu laufen.

Wir nicken. Der Zwerg in meinem Bauch beult herum.

Tom fragt, ob wir noch ein bisschen mehr über die verschiedenen Arten der Wehennutzung erfahren können, denn da sind wir uns noch ganz unschlüssig. »Ja, natürlich.« Frau Jäger holt die vierte Broschüre. »Wir sind das größte Wehenkraftwerk Deutschlands«, hebt sie an, Tom unterbricht sie: »Wie viele gibt es denn?«

»Zwei«, sagt Frau Jäger. »Dieses hier und eine Zentrale für ganz Westdeutschland. Für uns produzieren Gebärende aus dem Bereich Berlin/Brandenburg. Wir können im Schnitt fünf Wehende pro Tag mit einer Wehenleistung von 10 200 von der Leyen ins Netz speisen. Der Anfang der Wehennutzung bestand in einem schlichten Wehenschiffshebewerk in Niederfinow. Da es aber immer wieder zu Koordinierungsschwierigkeiten kam, mussten wir dieses Projekt leider abbrechen. Die Wehenden wehten oft versetzt, und so konnte nicht die ganze direkte Kraft genutzt werden. Die Leitung des Schiffshebewerkes sprach davon, dass es ein mangelndes Vertrauen aufseiten der männlichen Werksarbeiter gäbe, was die Hebeleistung der Wehenden beträfe. Vielleicht wollten die Männer auch nicht mehr diese schreienden, blutenden Frauen an ihrem Arbeitsplatz. Und dann noch die schreienden Babys. Die Werkshalle musste ja auch ganz sauber gehalten werden. Ich denke, dass es auch um Sexismus ging.«

Tom und ich zucken die Schultern. Das können wir ihr auch nicht beantworten. Ich kann nur für mich beantworten, dass ich unter diesen Umständen meine Wehenleistung nicht angeboten hätte. Nach Niederfinow fahren und dort mit anderen Gebärenden Schiffe heben. Das hätte ich nicht gemacht.

»Heute gibt es zwei Arten, wie Sie Ihre Wehenkraft einsetzen können. Das eine ist die direkte Umsetzung Kraft/Arbeit, das andere ist die Speicherung der Kraft durch eine zu bedienende Pumpe. Die Wehenpumpe, welche stetig bedient werden muss. Vielen Wehenden gefällt das, da diese monotone Kraftanstrengung ihnen hilft, regelmäßig zu atmen und den Schmerz zu ertragen. Andere Wehende bevorzugen die animalische Kraftanstrengung, die punktuell und direkt umgewandelt werden kann. Hierzu haben wir einen Vertrag mit unserem ehemaligen Abnehmer, dem Schiffshebewerk. Sie beliefern uns mit Stahlstangen, die von den Wehenden zu Kettengliedern für Ankerketten gebogen werden. Pro Wehe eine Stange. Diese Arbeit wird sonst von Maschinen ausgeführt, die von Atomkraft betrieben werden. Was kann es Schöneres geben, als zusammen mit seinem Kind für eine atomkraftfreie Zukunft zu wehen.«

Tom muss lachen. »Entschuldigung«, sagt er und versucht, sich zu beherrschen.

Frau Jäger schaut uns streng an. »So, aber natürlich soll es vor allem um das Kind gehen.« Sie schweigt eine Weile, dann sagt sie: »Ich würde Ihnen das schon ans Herz legen, selbst auch Wehenstrom zu beziehen, denn wenn Sie einmal für uns produziert haben, ist der Wehenstrom 25 Prozent billiger für Sie. Die anfänglichen Schwankungen im Wehenstromnetz sind behoben. Es ist nur noch eine alte Schnurre, die sich die Leute gern erzählen, dass zwischen den Wehen das Licht ausgeht.«

Tom lacht leise. Ich stupse ihn. Das Kind stupst mich.

»Angedacht sind noch Nutzungen der Windenergie«, redet Frau Jäger unbeirrt weiter, »die durch das kräftige Ausatmen der Wehenden erzeugt wird. Ebenfalls angedacht: kleine Wasserräder, die durch austretendes Fruchtwasser bewegt werden. In Entwicklung befinden sich außerdem kleine Wasserräder für stillende Mütter, um den Milchfluss zu nutzen. Aber da stellt sich natürlich die Frage, warum all die Arbeit nur von der Frau übernommen werden soll, auch der Mann ist voller natürlicher Energiequellen …«

Tom lacht laut.

Frau Jäger schweigt vorwurfsvoll. »Aber vor allem soll es natürlich um das Kind gehen«, sagt sie.

Als wir draußen sind, sagt Tom, er hätte sich vorgestellt, wie die Windenergie des Mannes genutzt wird und alle Männer mit kleinen Windrädern am Po rumlaufen. Außerdem sei ihm eingefallen, dass Frau Jäger ihre Idee mit WEHENDEN Fahnen und WEHEment verteidigt, und da musste er halt lachen.

Zwei Monate später biege ich 30 Stahlstangen zu einer Ankerkette, und danach halten wir glücklich unsere Kleine in den Armen.

Klischees auf dem Prüfstand

Natürlich passen Männer und Frauen zusammen.

Nicht perfekt, aber schon ganz gut.

Ich weiß von Dingen, die weniger gut zusammenpassen als Männer und Frauen.

Zum Beispiel verwelkte Schnittrose und Müllbeutel. Es ist seltsam, dass der feine Herr Westen da noch nichts erfunden hat für.

Wasserdichte Rosenentsorgungsbeutel. Mit Dornenaustrittssicherung. Und Anti-Geruchs-Beschichtung. Mit vierseitiger Gebrauchsanweisung.

»Die Tüte ist in Gänze über die Vase zu stülpen, dann langsam durch Zuziehen des blauen Kammer-Trennbandes die obere Kammer zu schließen, danach ist der Strauß vorsichtig aus dem Wasser zu nehmen, zu drehen und zügig die zweite Kammer mit dem roten Kammer-Trennband zu schließen. Das restliche Tüten-Material ist einzudrehen und zum optimierten Antitropfschutz rückwärtig überzustülpen.«

In normale Müllbeutel bekommt man einen Rosenstrauß weder längs noch quer rein. Weder mit den Knospen voran noch andersherum. Wenn man die Stiele der Blumen knicken will, sticht man sich an den Dornen. Die Blütenblätter fallen ab. Der Müllbeutel reißt. Der Schleim tropft auf den Boden. Der Schleim, der sich vom brackigen Blumenwasser gebildet hat.

Eigentlich ist die Frage, ob Rosenschenken überhaupt eine Geste der Liebe sein kann, wenn der Liebsten am Ende des Blühens solch eine demütigende Entsorgung des welken Straußes bevorsteht.

Männer und Frauen passen besser zusammen als Rosensträuße und Müllbeutel.

Nun muss man sich nicht immer nach unten orientieren, wie meine Mutter früher sehr richtig bemerkte, wenn ich mich nicht an der immer fein gekämmten Klassenbesten Stefanie Hähnel maß, die sich zum Vesper eine Serviette auf die Oberschenkel legte, als wäre sie vom übrig gebliebenen DDR-Adel, und mich stattdessen lieber mit Theresa Baummann verglich, derentwegen vier der fünf schulweiten Entlausungen in der Unterstufe stattfanden, die ihre Patronen aufbiss und dann die ganze Stunde über in ihrem Gesicht mit dem Tintenkiller herummalte.

Trotzdem: Männer und Frauen passen zusammen.

Sonst würden sie sich doch nur befruchten und dann auseinanderlaufen. ABER NEIN, Männer und Frauen versuchen zusammen in Frieden zu leben. Ein Satz, bei dem man nicht genug ironische Anführungsstrichelchen verwenden kann.

Sie »versuchen« zusammen in Frieden zu leben.

Sie versuchen »zusammen« in Frieden zu leben.

Sie versuchen zusammen »in Frieden« zu leben.

Sie versuchen zusammen in Frieden zu »leben«.

Das geht natürlich nur, wenn man Kompromisse schließt. Kompromisse – ein Wort mit dem Zauber von Einbauküchen und Klappfahrrädern.

Nehmen wir mal als Beispiel ein plattes Beispiel, aber platte Beispiele sind wie plattes Land: überschaubar.

Nehmen wir mal klassische Männerfilme und klassische Frauenfilme und als Kompromiss dann einen klassischen Pärchenfilm.

Kommen wir zum klassischen Männerfilm. Die Handlung ist: Der Held bekommt nicht genug Anerkennung, löst ein unlösbares Problem, bekommt am Ende Anerkennung.

Es kommen folgende Dinge vor: ein Cop (cool), Motorräder (schnell), Frauen (sexy), Waffen (groß), Drogen (viele), Außerirdische (böse), Verfolgungsjagd (schnell).

Die Handlung des Frauenfilms ist: Die Heldin fühlt sich unwohl, lernt einen Mann kennen, verändert sich ein wenig und fühlt sich viel wohler.

Es kommen folgende Dinge vor: Gefühle (groß), Landschaft (schön), Gespräche (dramatisch), Freundinnen (gut), Tiere (niedlich) und Männer (liebenswert).

Es ist auch nicht verkehrt, wenn Eiscreme und ein langer Brief mitspielen.

Was dem Mann das Rennen und Schießen, ist der Frau das Reden und Küssen.

Was den Frauen das Telefonieren, ist den Männern der Countdown.

Ein Kompromiss wäre dann etwas wie *Stirb am Telefon* oder *Alien vs. Schokolade*.

Vielleicht wäre es eine Möglichkeit, Bild oder Ton jeweils konsequent unter beiden Geschlechtern aufzuteilen. Verfolgungsjagd mit langen Gesprächen. Lange Küsse mit rückwärtslaufendem Countdown. Eine Schlägerei mit schöner Musik.

Hier nun der perfekte Pärchenfilm: Eine alleinerziehende Mutter hat einen Geschäftstermin und muss ihre Tochter schnell zum Vater des Kindes bringen, mit dem sie in Trennung lebt. Eine wilde Hetzjagd durch die Stadt, damit sie pünktlich kommt. Ein Helikopter schießt auf das Taxi. Die Mutter telefoniert mit ihrer Astrologin, die sagt, der Mond stünde in der Sonne und blablabla – das Taxi explodiert. Die Mutter und die Tochter fliegen durch die Luft und landen in einem Schuhladen. Ihre Haare sind zerzaust, der Mutter ist die Bluse attraktiv zerrissen. Mutter und Tochter dürfen alle Schuhe behalten, die ihnen passen. Danach geht es weiter zum Vater. Er ist ein ehemaliger FBI-Agent, der immer auf der Flucht lebt, weil er was weiß. Wegen Waffen und Afghanistan blablabla.

Nein, ich breche das Experiment Pärchenfilm hier ab.

Der beste Kompromiss aus Mann und Frau ist eh das Baby: Es rülpst und furzt wie ein echter Kerl, kann sich aber alles erlächeln und hat weiche Haut wie die Frau.

Stilldemenz für Anfänger

Ich als Neumutter werde oft dasselbe gefragt:

Wie ist das mit der Stilldemenz?

Natürlich vergisst man, was man wann gemacht hat, wenn man alle drei Stunden stillt und sich alles endlos wiederholt. Ich kann den Tag nicht von der Nacht nicht unterscheiden. Ich kann mir nicht merken nicht, ob ich am Anfang des Satzes nicht schon verneint habe nicht. Alles ist ein Brei aus Stillen, Bäuerchen, Wickeln und Schlafen. Einsamer Höhepunkt im Wochenverlauf ist das Baden des Kindes am Freitag. Und länger als fünf Minuten darf man die Kleinen noch nicht baden, in dem Alter. Mein Höhepunkt dauert also nur fünf Minuten. Ich weiß, dass mich Männer darum beneiden werden, dass mein Höhepunkt fünf Minuten anhält.

Was war noch mal die Frage? Ach ja, Stilldemenz. Schrecklich ist das, aber das vergesse ich ja ständig, und dann geht's mir gut.

Hast du keine Angst, dass die Beziehung kaputtgeht?

Nein.

Das will ich doch.

Darum hab ich das doch gemacht. Ein Kind gekriegt. Endlich kann ich den Schnarchsack aufs Sofa schicken. Ich muss keinen lästigen Sex haben. Ich sage: »Mir tun die Brüste weh, mir tut der Damm noch so weh, mir tut es einfach weh, mein Kind auch nur eine Minute allein zu lassen.«

»Dann legen wir das Kind daneben.«
»Ich kann nicht, wenn das Kind zuschaut.«
»Dann dreh das Köpfchen zur anderen Seite.«
»Da sieht sie uns im Spiegel.«
»Dann häng was über den Spiegel.«
»Das ist schlecht wegen Feng Shui.«
»Dann zieh der Kleinen 'ne Mütze über die Augen.«
»Sie sabbert. Ich kann nicht, wenn sie neben uns sabbert.«

»Wenn du das Kind keine Minute allein lassen kannst, dann gehen wir in die Stube. Ich kann es auch in einer halben Minute«, sagt er. »Ich kann's sogar in einer viertel Minute.«

»Boah, du ist ja ein Held«, sag ich. »Na, dann leg los!«, sag ich. »Mir ist das sowieso egal. Ich bin nach der Geburt untenrum so weit wie ein begehbarer Kleiderschrank, komm rein und sieh dich um«, sag ich zu ihm. »Da ist der ausgeleierte Muttermund, den musst du erst mal zur Seite schieben, oder ich weiß, mach 'nen Knoten rein, dann hängt er nich so im Weg rum.«

Da hat er keine Lust mehr, sagt er.

Wir umarmen uns und klopfen dabei reflexartig dem anderen sanft auf den Rücken, bis er rülpst.

Was war noch mal die Frage? Stilldemenz? Geht eigentlich.

Hast du nicht Angst, dass das Kind irgendwo runterfällt und dann isses kaputt?

Mein Kind kann gar nicht von der Wickelkommode fallen. Wir haben gar keine. Mein Kind kann gar nicht vom Sofa fallen. Wir haben keins. Mein Kind kann von nichts runterfallen. Ich lege es immer auf den Boden. Es könnte höchstens von der Teppichkante fallen. Aber wir haben gar keinen Teppich.

Ist es nicht schwierig, dem Kind die Fingernägel sauber zu machen?

Natürlich könnte es schwierig sein, einem so kleinen Kind mit so kleinen Händen mit so kleinen Fingern und so kleinen Fingernägeln den Dreck unter den Fingernägeln zu entfernen, denn da sammelt sich tatsächlich einiges an Dreck, ABER seit die Kleine an ihren Händen nuckelt, sind die Fingernägel sauber. Dreck reinigt den Magen und Nuckeln reinigt die Fingernägel. Ganz einfach.

Seit wir das entdeckt haben, lassen wir das Kind auch unsere Fingernägel sauber nuckeln.

Was war noch mal die Frage? Ob ich Stilldemenz habe? Nein, hab ich nicht.

Ist das nicht teuer, so ein Kind? Wie kannst du dir das leisten?

Ich stille, bis sie 16 ist. Stillen spart schon allein im ersten Jahr 800 Euro. So kann ich mir gleich mehrere Kinder leisten. Da muss die Brust halt ein bisschen ranklotzen, sag ich ma.

Im Moment produziere ich einen Liter am Tag. Ich bin 'ne Hochleistungskuh. Ich sag ma so, ich weiß, wo die Formulierung »Es läuft gut« herkommt. Wenn das weiter so gut läuft und ich mal zu tief schlafe, wird meine Versicherung eines Tages einen Milchschaden beim Nachbarn bezahlen müssen. *Sie, das ist kein Wasser. Das riecht auch so komisch.*

Also Stillen ist bei uns kein Problem, und Stilldemenz ist ja Gott sei Dank bei mir auch kein Thema.

Wie oft musst du stillen?

Ich stille nach Bedarf. Sagt man so, wenn man sich nach dem Hunger des Kindes richtet und nicht total stupide Punkt zwölf, Punkt drei, Punkt sechs und Punkt neun stillt. Ich stille also, wenn sich die Kleine meldet. Das ist total stupide Punkt zwölf, Punkt drei, Punkt sechs und Punkt neun. Maaaanchmal wird sie auch erst zehn nach zwölf wach, aber sonst immer Punkt um. Wie macht sie das? Woher weiß sie so genau die Zeit? Sieht sie das am Moos an den Bäumen im Schlafzimmer? Kann eigentlich nicht sein. Wir haben kein Moos an unseren Bäumen im Schlafzimmer. Es kommt regelmäßig der Moostrimmer.

Maaaanchmal wacht sie auf, wenn ich abpumpe, weil sie die Milch riecht. Sie ist ein bisschen gruselig, wenn sie die Milch riecht. Kennt ihr den Film *Das Parfum*? Diese kleine Babynase, die ihre Nasenlöcher so bläht? So ungefähr. *Ich rieche Milch. Ich rieche frische*

Milch. Frische Menschenmilch. Meine Brust beginnt ebenfalls, alle drei Stunden zu laufen. Sie läuft einfach los. Richtung Kind. Ich kann nichts dagegen machen. Wenn man mich fragt, wie spät es ist, fasse ich mir an die Brust und kann die Uhrzeit mit wenigen Minuten Abweichung nennen. Brust und Kleinkind ist eine unheimlich starke Einheit, der ich mich nur beugen kann. Wenn Brüste und Kleinkinder kriegerischer wären und auch nur irgendetwas anderes könnten als Milch geben und Milch nehmen, dann könnten Brüste und Kleinkinder die Weltherrschaft erobern.

Hast du eigentlich noch andere Gedanken als an das Kind?

Was für andere Gedanken?

Gut, anders gefragt. Denkst du auch an etwas anderes als an das Kind?

Natürlich, ich denke zum Beispiel über die Kleidung vom Kind nach. Ich liege nachts im Bett und habe Angst, dass wir nicht genug anzuziehen haben für die Kleine. Dann stehe ich auf und bestelle das Internet leer. Danach kann ich wieder schlafen. Morgens weiß ich dann von nichts mehr. Vielleicht habe ich doch Stilldemenz. Was war noch mal die Frage?

Hast du eigentlich noch andere Gedanken als an das Kind?

Was für andere Gedanken?

Gut, anders gefragt. Denkst du auch an etwas anderes als an das Kind?

Natürlich, ich denke zum Beispiel über die Kleidung vom Kind nach. Ich liege nachts im Bett und habe Angst, dass wir nicht genug anzuziehen haben für die Kleine. Man hat mir gesagt, es würde eines Tages PENG machen und das Kind würde nicht mehr in seine Sachen passen. *Wachstumsschub.* PENG. Ich will halt darauf vorbereitet sein. Ich will mein Kind, mein eigen Fleisch und Blut, dieses kleine

Wunder, diesen neuen Erdenbürger nicht in alte Lappen wickeln müssen, wenn es draußen bitterkalt ist.

Und wie schläft sie?

Sie schläft, wenn ich ein bestimmtes Liedchen singe, das ich in der Schwangerschaft schon gesungen habe. Ich brauche oft nur zwei von den drei Strophen zu summen und schon fallen die Äuglein zu.

Ich habe in der Schwangerschaft kurz überlegt, ob ich mich für ein anderes Einschlaflied entscheide. Nämlich: *Guten Abend, gute Nacht* – ein klassisches Einschlaflied. Habe mich aber dagegen entschieden, denn ich habe mal gelesen, dass ein Kind nächtelang nicht schlafen konnte, weil die Mutter dieses Lied gesungen hatte, das bekanntlich damit aufhört: »Morgen früh, wenn Gott will, wirst du wieder geweckt.«

Das Kind war daraufhin verängstigt, Gott könnte über Nacht entscheiden, dass er es nicht wieder wecken würde. Und dann? Tja, Arschkarte.

Man könnte einem ängstlichen Kind die Angst vor diesem Lied nehmen, indem man sagt: »Na, dann weckt Gott dich eben nachmittags. Hab keine Angst.«

Ich habe mich dann vor allem gegen dieses Lied entschieden, damit mein Kind, von dem ich annehme, dass es ein cleveres Kind wird, nicht auf die Idee kommt, das Lied als Ausrede für Verspätungen in der Schulzeit zu nutzen. »Gott hat heut morgen nicht geklingelt. Er wollte mich halt nicht früh wecken. Kann ich ja nichts für.«

Letzte Frage: Woran erkennt man frischgebackene Eltern?

Am Bäuerchen-Orden auf der Schulter. Aber an Stilldemenz kann ich mich nicht erinnern.

Wir Hunde vom Bahnhof Zoo

Die erschütternde Geschichte von Wuffi F.

Ich war gerade in der ersten Klasse der Welpengruppe, als man mir das erste Stöckchen angeboten hat. Wir lernten gerade »Sitz!« und das ganze Zeug. In den Pausen kloppten wir uns ein bisschen aus Spaß. Dann, eines Tages, standen so Typen vor der Hundeschule, die haben uns so Stöckchen hingeworfen. Das sah ganz lustig aus: Einfach hinflitzen, Stöckchen ins Maul und dann zurück zu den Typen. Also nahm ich das Stöckchen auch ins Maul. Es schmeckte erst eklig, nach Holz und Dreck, aber dann gab es mir das Gefühl, ich wäre ein echter Jäger und irgendwie schon erwachsen. Dann kam ein echter erwachsener Hund und machte mich richtig zur Sau. Das war so ein Boxer. Das fand ich blöd, aber es hat mich auch beeindruckt. Der Typ hatte so ganz irre Augen und dem triefte der Sabber aus dem Maul. Ich hab das Stöckchen sofort fallen lassen und habe mir geschworen: nie wieder. Aber es war echt auch aufregend. Das war voll Adrenalin. Ich war echt stolz. Außerdem hatte ich vorher nie die Aufmerksamkeit von so einem krassen Boxertypen gehabt.

In der Welpengruppe war einer, der hatte schon ein Loch im Ohr, weil er in Bahnhofsnähe mit einem Ball rumgelaufen war. In Neukölln, ey! Mein Freund, der krummbeinige Max, und ich waren uns einig, dass das ja auch Wahnsinn sei. Da waren die Dealerhunde, die waren doch total drauf. Die gingen auf alles, was sich bewegte. Das kam uns zu der Zeit überhaupt nicht in den Sinn, dass wir auch so werden könnten. Krasser waren ja nur noch die Bullenhunde, die den ganzen Tag mit einem Maulkorb in der U-Bahn rumhingen. Wenn die mal ohne Maulkorb waren, dann fingen die alles. Und dann wollten die das nicht nur fangen, sondern auch töten und auffressen.

Wir spielten dann in der Welpenspielgruppe immer häufiger mit Stöckchen, aber nicht dieses krasse Nur-holen-und-bringen, da wird man echt schnell gestört von. Da verschwindet die ganze Welt um dich rum. Ich konnte das immer nur ein paar Minuten. Ich hab auch gemerkt, dass ich mich in der Hundeschule schlechter konzentrieren konnte, wenn irgendwo Stöckchen rumlagen, aber ich hab mir nichts weiter dabei gedacht. Man denkt ja immer, dass man es selbst unter Kontrolle hat. Max und ich, wir zerrten oft zusammen an einem Stock herum. Das kam mir dann auch normal vor, weil Max das ja immerhin auch machte. Wir stritten aber nie. Mal durfte der eine den Stock behalten, mal der andere. Wir teilten da noch voll. Der alte Hajo hat mal erzählt, dass echte Abhängige nie teilen und keine Freundschaft kennen. Deshalb waren wir uns sicher, dass wir noch nicht drauf waren.

Dann bekam ich von meinen Menschen eines Tages meinen ersten eigenen Ball geschenkt, aus Moosgummi, und der konnte hüpfen und flog viel weiter als ein Stock. Das hat geknallt wie Sau, als ich da das erste Mal nach geflitzt bin. Ich wollte das immer wieder. Wenn meine Menschen nicht schnell genug warfen, dann bellte ich wie verrückt. Die hätten eigentlich merken müssen, was mit mir los ist, aber sie kamen nicht auf die Idee, weil ich ja noch so jung war. Die haben sich nur gefreut, weil ich gut draufkam. Wenn ich den Ball hatte, war ich der King. Mir hing zwar die Zunge raus, aber ich konnte nicht aufhören. Wenn ich den Ball dann noch nach Hause tragen durfte, dann kaute ich so manisch darauf herum, dass ich danach völlig fertig war. Ich wollte nicht mehr kuscheln oder essen. Wenn es dann wieder rausging, wollte ich sofort Ball, Ball, Ball. Manchmal reichte Stock auch noch, aber über Ball ging nichts. Stock war echt Babykram. Ich hab manchmal Jüngeren einen Stock abgejagt, wenn kein Ball greifbar war, nur damit ich was im Maul hatte. Dann haben sich meine Menschen voll aufgeregt, wegen Welpenschutz und so, aber ich fand das echt naiv. Außerdem waren sie ja selber schuld, wenn sie mir keinen Ball gaben. Ich wusste überhaupt nicht, was ich sonst machen sollte.

Das ging dann 'ne ganze Weile so. Ich hab dann halt ein bisschen weniger mit anderen Hunden gespielt. Max hab ich kaum noch gesehen. Also, manchmal war er in der Nähe, aber wir spielten beide Ball und haben uns darum nicht Hallo gesagt. Als wir dann mal wieder miteinander geredet haben, in der Welpenschule, sagte er mir, dass er jetzt auf Frisbee wäre, und ich solle das mal ausprobieren. Er hatte total irre Augen und war ganz abgemagert. Er sagte, dass es ihm gut gehe und er die fetten Hunde, die den ganzen Tag nur fressen, sowieso nicht abkönne. Alles Spießer. Die wollten doch nichts vom Leben. Das wäre doch öde. Ich fand das zwar auch, wollte aber trotzdem nicht wie Max werden. Der war echt heftig zu der Zeit schon. Der hat in der Hundeschule gar nichts mehr gelernt, weil seine Menschen das Frisbee in der Tasche mithatten und er so lange jammerte, bis er es bekam. Ich habe ihn danach lange nicht gesehen, weil seine Menschen dachten, die Hundeschule wäre nix für Max, weil er ja lieber Frisbee spielen wollte. Immer wenn ich ihn sah, war er noch heftiger drauf. Wir redeten gar nicht mehr miteinander. Als ich ihn mal traf und nur an ihm vorbeiwollte, als er das Frisbee im Maul hatte, hat er mich sofort fertiggemacht. Ich hab dann einen Bogen um ihn gemacht. Nee, so wollte ich nicht werden. Meine Menschen überlegten an dem Tag aber, dass ich ja ein eigenes Frisbee haben könnte, wenn Max seins nicht mit mir teilen wollte. Ich hatte dann also bald ein Frisbee. Ich fand es sofort geil. Ich hab es geschüttelt wie verrückt. Das war so geil. Dann haben meine Menschen es geworfen und ich bin echt nur noch geflogen. Das war so ein Flash. Es fanden mich auch alle total super. Die Leute im Park blieben stehen und haben gelacht. Ich dachte nur, dass ich es nicht übertreiben darf, weil ich nach dem ersten Trip völlig fertig war. Ich nahm mir vor, einfach immer aufzuhören, wenn es am schönsten war. Aber ich hab das dann nicht einmal geschafft, Nein zu sagen, wenn man mir ein Frisbee geschmissen hat. Ab dem ersten Mal war ich total abhängig. Das ging so schnell.

Als ich Max das letzte Mal getroffen habe, sah der voll fertig aus. Der zitterte am ganzen Leib und hielt sein Frisbee fest. Ich hielt mein Frisbee fest. Wir haben uns nur angeknurrt. Da ist mir aufgefallen, dass ich ganz unten war. Ich hab dann eine Woche nichts geholt, was man mir geworfen hat. Es war der Horror. Überall warfen ständig Menschen Stöckchen oder Bälle. Und dann waren da noch die ganzen anderen Hunde mit ihren Bällen. Ich war echt mies drauf. Das ging natürlich gar nicht mit dem Entzug. Ich wusste überhaupt nicht, was ich draußen machen sollte. Wenn andere Hunde mit mir spielen wollten, die noch nie abhängig waren, dann kamen die mir so dumm und lieb vor. Ich hab die einfach nur angeblafft, dass sie sich verpissen sollen. Dann hab ich einem jungen Hund den Ball abgenommen. Der wollte den nicht rausrücken. Da bin ich den halt ein bisschen grob angegangen. Mann ey, da haben sich meine Menschen aufgeregt. Danach war ich immer an der Leine und wurde nur zum Frisbeespielen losgemacht. Wenn ich nix im Maul hatte, hab ich so lange gebellt, bis ich was bekommen habe.

Ich hab dann gehört, Max wäre im Tierheim, auf Entzug. Und man müsse erst ganz unten sein, dann käme man in die Geschlossene, und da könne man dann clean werden. Es hat dann bei mir auch nicht mehr lange gedauert, bis meine Menschen mich loswerden wollten. Sie haben mich am Waldrand angebunden, aber das Frisbee dagelassen. Ich hab so lange darauf rumgekaut, dass ich gar nicht richtig mitbekommen habe, was abgeht. Dann war's dunkel, und ich war ganz allein. Vielleicht schreib ich mal ein Buch über das alles.

Mal wieder Herr Wenzel

Das Gegenteil einer weißen Friedenstaube

Motto: Es ist eigentlich nicht fair, über Leute schlecht zu sprechen, die so arme Würstchen sind, dass sie sich nicht mal den Senf zu sich selbst leisten können.

Das einzig Gute, das über Herrn Wenzel zu sagen wäre, ist, dass es sich sehr gut sehr schlecht über ihn sprechen lässt.

Ich werde ihn im Weiteren nur noch Wenzel nennen, da er der Bezeichnung »Herr Wenzel« ebenso nahesteht wie der Bezeichnung »selbst verschuldeter Hassmagnet Wenzel« – und die Bezeichnung ist mir für eine Kurzgeschichte einfach zu lang.

Ohne Wenzel wäre das Haus ein ganz prima Haus. Es besitzt einen Hausflur in einer fröhlichen Orange-Hellgrün-Kombi, die jedem Blindenkindergarten gut zu Gesicht gestanden hätte. Das Haus ist fast so schön wie ein Schloss, nur ohne den ganzen Schnickschnack. Keine Verzierungen und so. Aber sonst …

Oben, im höchsten Turm des kleinen Schlosses, wohnt die Prinzessin Kirsten mit ihrem Ritter Grischan. Sein weißes Pferd ist schwarz und auch eigentlich eher ein Hund. Ganz genau genommen eine 13 Jahre alte Hündin. Die Hündin heißt Jule, hat kaputte Hüftgeklenke, ihre Nase tropft, wenn sie schläft, und wenn sie wach ist auch. Sie sieht sehr groß aus, aber wenn man sie nass macht, sieht man, dass sie eher so groß wie eine Maus ist. Der Rest ist Haar.

Im Fellwechsel, zweimal im Jahr, verliert sie so viel von ihrem Haar, dass man meinen könnte, die Staubsaugerindustrie hätte diese Hunderasse gezüchtet. Angeblich hat die Natur diese Hunderasse gezüchtet, um sie in der Arktis leben zu lassen. In der Arktis müssten die Hausmeister total verrückt werden, wenn sie die Hausordnung im Mehrparteieniglo machen, wenn unser Hausmeister so schon am Rad dreht.

Da ich selbst auch einen Hund habe, haben wir also zwei Hunde. »Zwei Hunde haaren mehr als einer«, könnte der Volksmund sagen, um dasselbe auszudrücken wie »Doppelt hält besser«. Tut der Volksmund aber nicht. Der Volksmund sagt: »Doppelt hält besser.«

Eines Tages, als ich mich gerade auf den Weg machte, die vierbeinigen Freunde auf den Weg machen zu lassen, riss Wenzel seine Wohnungstür auf, um mir mitzuteilen, dass er beim Reinigen des Hausflures auf Haare gestoßen sei. Nicht nur eins davon, auch nicht zwei oder dreizehn … nein, unzählige. Soooolche Wollmäuse, soooolche Wollmäuse seien das gewesen. Ich wurde darüber belehrt, dass man seine Hunde zu striegeln habe oder zu erschießen. Und zwar zweimal die Woche. Ich sicherte ihm zu, in Zukunft meine Hunde zweimal die Woche zu striegeln oder zu erschießen. Ich setzte sogar noch einen drauf. Ich behauptete beflissen, in Zukunft würde ich, bevor wir losgehen, Jule oben an der Wohnungstür daran erinnern, dass sie nicht zu haaren habe im Hausflur. Jule sei ein außerordentlich gelehriger und folgsamer Hund. Sie werde sich daran halten. Eigentlich wisse sie auch, dass Haaren verboten sei. In der Wohnung Pipi machen, Schuhe zerbeißen, Kinder zerbeißen, das Bett vollsabbern, ausm Klo trinken und: haaren.

Natürlich gab sich Wenzelchen nicht damit zufrieden. Man muss sich klarmachen, dass Wenzel ganz allein ist, ganz, ganz allein, gaaaaanz allein mit sich selbst. Er hatte mal eine so dicke Frau, die, als sie daran gestorben war, dass sie so dick war, so dick war, dass man sie nicht in einem Stück aus der Wohnung transportieren konnte. Jahre später kaufte sich Wenzel eine Frau aus Russland. Sie schrien sich zwei Jahre lang an, dann war die Frau aus Russland weg. Das ist sieben Jahre her. Wenzel ist Rentner. Er hat nichts zu tun. Nichts. Gar nichts. Gaaaar nichts. Für ihn ist es ein Glücksfall, wenn eine junge sympathische Mieterin einen neuen Freund hat, der einen Hund hat, der haart. Ja, für welchen Hausmeister von Passion wäre das kein Sechser im Lotto?

Ein paar Tage später flust eine riesige Wollmaus im Flur der Wohnung. Genau unterm Briefschlitz, der in der Wohnungstür ist. Jule mag haaren wie ein Yeti, der Chemotherapie bekommt, aber sie haart eher so mal hier, mal da, nicht so gezielt und uns genau vor die Tür. Wir tippen darauf, dass Wenzel uns die Haare durch den Briefschlitz gesteckt hatte. Im Wenzeluniversum ist natürlich richtig, dass jeder Mieter zurückbekommt, was er im Hausflur liegen lässt. Er könnte in seiner Küche an der Anrichte stehen und die Haare der Mieter aus dem Hausflur auseinandersortieren. Dann könnte er die Häufchen durch die Briefschlitze stecken, rote Haare für Frau Hagens, gelockte Haare für Frau Müller.

Wir ließen die Wollmaus wie das Gegenteil einer weißen Friedenstaube in den Hof segeln. Eine schwarze Kriegsmaus. Das Haarbällchen landete auf der Kellertreppe, die Wenzel auch regelmäßig zu reinigen hatte. Am nächsten Tag beschimpfte er uns aus dem Fenster heraus. Wir wären asoziales Pack, die Köter wären Hunde, das Kind ein Balg. Für alles hatte er neue fantasievolle Bezeichnungen.

Herr Wenzel lauerte Grischan an den Mülltonnen auf, um ihm zu sagen, er habe seinen Hund zu striegeln, sonst, sonst …

»Uiui, sonst was?«, hätte Grischan antworten sollen. »Sonst striegelst *du* meinen Hund? Sonst meldest du das der städtischen Vierbeinerstriegelei? Sonst verfasst du ein Schreiben an die Bundesstriegeleinrichtung und den Obersten Striegelhof? Sonst klagst du uns an wegen unterlassener Striegelung? Sonst kommen wir ins Striegelheim? Sonst müssen wir Abwiegelstriegel bezahlen wegen Striegeldienstverweigerung? Sonst fällst du über uns ein Urteil?«

So etwas in der Art hätte Grischan antworten sollen. Tat er aber nicht. Er sei ein bisschen mit Wenzel aneinandergeraten, sagte er mir. Ein kleiner Meinungsaustausch, der ihm ein wenig entglitten sei.

»Wie klein und wie wenig?«, fragte ich.

»Ein klein wenig zu sehr«, sagte Grischan.

Es sei darauf hinausgelaufen, dass Grischan, 1,83 Meter, sich direkt vor Wenzel, 1,60 Meter, gestellt habe, um ihm zu sagen, dass er, sollte Wenzel nicht aufhören, uns aufzulauern und zu beschimpfen, ihm den Kopf abreißen und in den Hals scheißen werde.

»Aha«, sagte ich und legte in mein Aha sehr viel pädagogische Färbung, damit Grischan wusste, dass ich seine Verbalattacke zwar für keine Heldentat hielt, auch dachte, dass man Probleme nicht mit reißen und scheißen lösen kann, aber in jedem Fall zu ihm stand und auch ein winziges Wenig amüsiert war.

Vielleicht war das zu viel, was ich von einem kleinen Wort erwartete.

»Hättest du nicht irgendwas Erwachseneres zu ihm sagen können?«, fragte ich.

Grischan schüttelte den Kopf. »Was denn? Ich werde Ihnen das obere Körperende mit einer ruckartigen Bewegung nachhaltig entfernen und mich in die so entstandene Öffnung erleichtern? So ungefähr?«

»Ja, so ungefähr«, lachte ich.

Was soll's! Seitdem ist jedenfalls Ruhe. Wenzel will nicht in den Hals gestuhlt bekommen.

Tierpark

Eines Morgens, in aller Frühe, finde ich beim Aufräumen einen Gutschein für einen Tierparkbesuch. Ich lasse alles stehen und liegen und fahre zum Tierpark. Es gibt nichts Wichtigeres als Gottes schöner Schöpfung beim Herumexistieren hinter Gittern zu beobachten. Und das unterscheidet uns ja auch vom Tier, wir können Pläne machen und sie verwerfen und S-Bahn fahren und einen Wegweiser durch den Tierpark für einen Euro kaufen. Der Wegweiser ist von Dr. Bernhard Blaszkiewitz kommentiert, der im weiteren Text keine Erwähnung mehr findet. In dem Heftchen sind viele bunte Fotos, so kann man die Tiere eigentlich auch viel besser ankucken. Sie zappeln nicht herum und stinken nicht. Ganz anders als in der Realität.

Die Stachelschweine

Die Stachelschweine zappeln herum und stinken. Dann kommt eine glückliche Menschenfamilie mit drei Kindern. Die Kinder zappeln auch herum und stinken. »Kuck mal«, sagt die Mama zu ihrem Nachwuchs, »da hinten sind ganz kleine. Die haben aber noch gar keine Stacheln.« Sie zeigt auf einen Haufen Kackwürste, den die Stachelschweine in eine Ecke gesetzt haben. »Oh, wie niedlich!«, schreien die Kinder. »Die bewegen sich ja gar nicht«, sagt der Papa. »Die schlafen«, sagt eines der Kinder. Seit ich weiß, dass es mehrere Realitäten gibt, würde ich mich nie in so ein Gespräch einmischen. Es ist auch völlig egal, ob Kinder ein Tier von einer Kackwurst unterscheiden können. Das hat mit ihrem Alltag nur auf einer Klappstulle zu tun, und den Unterschied würden sie auch nicht mitbekommen.

Die Losbuden

Die Losbuden sind gar keine Tiere, aber überall im Tierpark zu finden. In den Losbuden ist ein Mensch eingesperrt, den man nicht füttern darf. Ein Losverkäufer lächelt mich so optimistisch an, als ob alle naselang jemand etwas gewinnt, ein Alpakaplüschtier oder eine Eiswaffel aus purem Gold zum Beispiel. Also kaufe ich ein Los. Ich gewinne nichts. Ich unterstütze aber den Bau der Anlage für Gebirgstiere. Außerdem habe ich danach eine schöne Niete, bedruckt mit dem Logo des Tierparks. Das Logo stellt drei Wisente hintereinander dar, in Dunkelbraun und Hellbraun. Es sieht aus wie der Aufdruck auf etlichen roten Fahnen zu DDR-Zeiten. Marx, Engels und Lenin hintereinander, die Rindviecher.

Der Weißkopfadler

Der Weißkopfadler zappelt herum und stinkt. Er ist das amerikanische Wappentier und weiß davon nichts. Er benimmt sich total unbeeindruckend und reißt den Schnabel auf, um jämmerliche Fiepsgeräusche von sich zu geben. Was soll das über Amerika aussagen? Dann wird er gefüttert. Ein rohes Kotelett wird in seinen Käfig geworfen. Er zieht sich damit auf einen Baumstumpf zurück und hackt auf dem toten Stück Fleisch herum. Da sieht er sehr amerikanisch aus.

Die Hängebauchschweine

Die Hängebauchschweine zappeln herum und stinken. Die Brustwarzen der Säue schleifen über die verdreckten Fliesen, und ich überlege, an wen mich das erinnert … Andy – ein ehemaliger Arbeitskollege. Die kleinen Hängebauchschweine sind sehr niedlich und schuppern ihre Ärsche an der Türschwelle zu ihrem Schweinestall von Haus. Sie haben kein Klopapier.

Der Kenia-Uhu

Der Kenia-Uhu sitzt still und stinkt. Er blickt von einem hohen Baum auf mich herab und zwinkert gaaanz, gaaanz langsam. So was von erotisch. Ich war seit Jahren nicht so geil. Ich überlege, ob ich zu dem Losverkäufer zurückgehen soll, um ihm was Explizites anzubieten. Ich entscheide mich gegen diese Verzweiflungstat und lasse mich von dem Kenia-Uhu noch so lange anzwinkern, bis ein Wärter die Polizei ruft, weil ich mich wieder anziehen soll. Die ganze Zeit denke ich an einen Kinderspruch aus meiner sächsischen Heimat: »Der Wärdor nuff uff de Leidor und leuchded dem Uhu mid dor Laderne voll off de Berne. Der Uhu nich dumm und dreht sich num. Der Wärdor nunno von de Leidor, num um Boom, nuff uff de Leidor und leuchded dem Uhu mid dor Laderne voll off de Berne. Der Uhu nich dumm und dreht sich num. Der Wärdor nunno von dor Leidor, num um Boom, nuff uff de Leidor und leuchded dem Uhu mid dor Laderne …« und so weiter.

Das Grauhörnchen
Es zappelt herum und stinkt, aber es zappelt total süß und stinkt total niedlich. Es hat ein Aua am Arm und will meine Weintrauben nicht. So werden wir keine Freunde, Nagetier aus Nordamerika.

Affen
Die roten Varis zappeln herum und stinken. Außerdem werden sie gerade gefüttert und hocken zu zwanzigst zwischen Obst und Gemüsestücken. Ein Vari mit einem besonders fixen Blick versucht minutenlang, vier Mohrrüben zu transportieren. Er kann zwei in der Hand halten und eine in das Maul stecken, aber jedes Mal, wenn er sich die vierte in das Maul klemmen will, fällt die Mohrrübe herunter, die er schon im Maul hat. Er hebt sie wieder auf, steckt sie sich ins Maul, und die andere fällt wieder heraus. Ich denke über den Sinn des Lebens nach. Die anderen Varis beißen überall rein und schmeißen den Rest wieder auf den Boden. Sie haben keine Ahnung, dass in Afrika die Affen hungern. Ich denke wieder über den Sinn des Lebens nach und komme zu nichts.

Bei den Husarenaffen werden die Scheiben geputzt. Die Tierparkbesucher bleiben in Trauben stehen und schauen der jungen Frau zu, wie sie die Fenster putzt. Die Affen sind auch interessiert. Vor allem das Herdenoberhaupt ist aufgeregt. Er zappelt natürlich erst mal herum und stinkt. Als das nichts bringt, muss er zu anderen Mitteln greifen. Er reißt sein Maul auf und zeigt seine spitzen Zähne. Da das die Fensterputzerin nicht vertreibt, bekommt er eine riesige Erektion und stellt sich mit in die Hüfte gestemmten Armen direkt an die Scheibe. Die Frau putzt und putzt. Der Affe erigiert und erigiert.

Die Besucher fotografieren und fotografieren. Die Kinder stellen Fragen, und die Eltern sagen, der Affe mache Spaß.

Die Hyänen

Die Hyänen zappeln und stinken richtig bestialisch, egal ob Tüpfelhyäne, Streifenhyäne oder Mähnenhyäne, alle keine Ahnung von Hygiene.

Das Alfred-Brehm-Haus

Das Alfred-Brehm-Haus steht herum und stinkt. Ich schaue mir die Sumatratiger an, die Nachwuchs haben und darum noch mehr herumzappeln und stinken. Die zwei jungen Tiger balgen sich und sind deshalb ein Publikumsmagnet. Die Menschen sammeln sich vor der gefliesten Buchte. Die Tigermama faucht die Besucher entnervt an. Eine trötige Mutti sagt zu ihrem popligen Kind: »Jetzt schimpft se mit den Kleinen, weil die nicht toben sollen, so wie wenn du mit Manuel herumtobst und der Vati dich verkloppt.« Das mit den mehreren Realitäten erwähnte ich bereits? Ich sag dazu nichts. Jeder darf Tiere für sich nutzen, wie er will: als Erziehungsvorbild, *wenn du herumtobst, beiß ich dich tot* … als Mittagessen, als Mantel oder als Anlass für einen Text.

Tiere sind für alle da.

Der Brief

Weil auf dem Brief groß das Wort »persönlich« stand, war ich gleich ganz aufgeregt. Wer könnte denn etwas von mir persönlich wollen, ganz persönlich von mir? Ich war gespannt. Ein guter Freund, eine noch bessere Freundin? Und warum hatte der Freund das Firmenlogo von Brillant-Optik draußen draufgedruckt? Der Brief war tatsächlich von Brillant-Optik, aber trotzdem natürlich ganz persönlich an mich gerichtet.

Sehr geehrte Frau Fuchs!

Wie schnell doch die Zeit vergeht! Nun ist es ein ganzes Jahr her, dass Sie Ihre Brille bei uns gekauft haben. Wie geht es Ihnen und Ihrer Brille?

Eine gute Frage, fand ich. Wie ging es mir? Und vor allem, wie ging es meiner Brille? Ich nahm meine Brille ab und wollte sie mir ansehen, aber da ich ohne Brille schlecht sehen kann, konnte ich meine Brille schlecht sehen.

Ich rief den lieben Alfred an, ob er vorbeikommen könnte, um mir zu helfen.

Alfred sagte, er mache sich dann mal gemütlich auf den Weg. Das kann bei einer Bärennatur wie ihm bedeuten, dass er in fünf Stunden angetrollt kommt und sagt: »Und schwuuupp, da bin ich!«

In der Zwischenzeit setzte ich mich an den Schreibtisch und begann einen Antwortbrief. »Persönlich«, schrieb ich drüber.

Liebes Brillant-Optik-Team!

Danke der Nachfrage. Mir geht es ganz gut, ich habe ein neues Schlafsofa. Ich habe nämlich meine Wohnung endlich mal renoviert. Die Wohnung ist jetzt schön weiß. Das Schlafsofa war auch schön weiß. Jaaa, es war weiß, aber ich habe ja 'ne Katze, die ist schwarz. Ihre ganze kleine pelzige Seele scheint auch schwarz zu sein. Sie schlich ein paar Tage aufgeregt um das Sofa herum und deutete dann an, dass ihr schlecht sei und hinten oder vorne raus ein Übel sich über das Weiß ergießen werde. Ich scheuchte die Katze aus der Stube und sie kicherte im Flur. Das Spielchen ging so lange, bis das Tierchen endlich in meiner Abwesenheit auf die Sitzfläche geübelt hatte. Dann war sie zufrieden. Ich nicht. Ich weiß leider nicht, wie es meiner Brille an dem Tag ging.

Jedenfalls habe ich ein neues Schlafsofa. Als ich es im Laden sah, war ein Zettel an das Sofa gepinnt, da stand drauf: »Ich bin ein Schlafsofa.« Mein Sofa kann also Zettel schreiben, um sich zu verständigen. Das macht es manchmal heute noch. Es schreibt Zettel und pinnt die an sich ran. Nach der Nachricht »Ich bin ein Schlafsofa!«, ließ es mich wissen: »Ich bin DEIN Schlafsofa!« Da wohnte es gerade mal einen Tag bei mir. Das fand ich süß. Leider stellten sich sehr schnell Nachteile des Schlafsofas heraus.

Es ist zum Beispiel vorne zu weich und hinten zu hart. Ich schlafe immer auf einer Kante. Mein Sofa schrieb mir dazu: »Ich bin ein Schlafsofa mit Kante!« Guter deutscher Schlafsofa-Humor. Haha. Es begann auch sehr schnell zu quietschen. »Ich bin ein quietschendes Schlafsofa!«, schrieb es mir. Ich weiß, dachte ich. Und es ging immer so weiter. »Ich bin ein Schlafsofa, und du musst mich jeden Tag ein- und ausklappen. Geht dir das nicht auf den Sack?« Ja, dachte ich. Darin hatte ich anfangs den Vorteil gesehen, dass ich tagsüber in meiner Einzimmerwohnung kein einladendes Bett mehr herumlocken habe. Ich neige leider dazu, im Vorbeigehen in Betten zu fallen und einzuschlafen. Das ging mit dem Schlafsofa nicht mehr, weil es eben tagsüber nur ein Sofa war, auf das ich zwar fallen konnte, aber nicht gut schlafen. Ich dachte, dass auf diese Art Disziplin in meinen Tag einkehren würde. Tagsüber fleißig sein, nachts schlafen oder so. Ich hatte mal davon gehört, dass andere Menschen so leben. Leider führ-

te die unbequeme Liegemöglichkeit namens Schlafsofa dazu, dass ich immer weniger Lust hatte, auf dem Schlafsofa zu schlafen, und darum nachts gar nicht oder schlecht schlief und tagsüber müde war und liegen blieb und noch länger gar nicht oder schlecht schlief.

»Ich bin ein Schlafsofa und nicht wirklich praktisch oder bequem!«, schrieb mein Schlafsofa. »Ich bin ein hämisches Schlafsofa und ärgere dich gerne!« Schon gemerkt, grummelte ich. Die Nachrichten meines Schlafsofas wurden immer länger. Die längste Nachricht meines Sofas war: »Schlafsofas sind nicht zum Schlafen da, sondern ein Weg zum Erkenntnisgewinn. Manchmal sind Kompromisse aus Geld- oder Platzmangel nur ein Signal, beide Mangelerscheinungen zu ändern. Du musst dich entscheiden: liegen oder sitzen. Es gibt ja auch kein Duschbett oder einen Schlaftisch.«

Danach hatte es mir nichts mehr zu sagen.

Das Beste am neuen Schlafsofa war, dass ich endlich einen Grund hatte, meine beuysschen Fettecken hinter dem alten Bett zu malern und auch gleich mal andere Dinge zu erledigen.

Wie ich die Wände gemalert habe

Ich habe eine halbe Wand gemalert, dann taten meine Arme weh. Ich habe Alfred angerufen, und der hat dann meine Wände gemalert und anschließend meine schmerzenden Arme massiert. Ich sagte ihm, dass er auch etwas davon habe, dass meine Wände jetzt wieder weiß seien. So oft wie er hier herumhänge, könne er sich ja nun auch immer darüber freuen, wie sauber es nun wieder sei. »Ich hänge ja nur so viel hier rum«, sagte er, »weil du mich so oft anrufst und für irgendwas brauchst!«

Wie ich die Decke gemalert habe

Ich habe ein Stück der Decke gemalert, dann tat mein Nacken weh. Ich habe Alfred gebeten, meine Decke zu malern. Der hat einfach »Nö!« gesagt, und ich musste es alleine machen. An dem Tag war ich richtig sauer. Meine Brille war auch sauer.

Wie ich die Jalousien angebracht habe

Ich habe ein paar Schrauben in die Wand geschraubt, bis ich dachte, mein Arm gehöre nicht mehr zu meinem Körper. Dann habe ich beschlossen, dass, wenn mein Arm sich so anfühlt, als ob er nicht zu meinem Körper gehöre, er dann wohl eben auch nicht zu meinem Körper gehört. Aber wessen Arm war es dann? Ich entschied, dass es nur der Arm von Alfred sein konnte. Und weil ich immer noch sauer auf ihn war, schraubte ich viel mehr Schrauben in die Wand, als eigentlich nötig waren. Jeder Schmerz war mir jetzt ein süßes Rachegefühl. Am nächsten Tag klagte Alfred über fiesen Muskelkater im Arm. Ich verhöhnte ihn erst mit den üblichen Wichserwitzchen, und dann gestand ich ihm, dass ich beim Anbringen meiner Jalousie scheinbar einen Voodoozauber angewandt hatte, der auch noch wider Erwarten funktioniert hatte, denn mir selbst tat nichts weh. Alfred fand, dass er mir dann auch gleich diese und jene Arbeit abnehmen könne, denn so wisse er wenigstens, wovon er die Schmerzen habe.

Wie ich die Lampe an der Decke angebracht habe
Gar nicht. Das hat ja Alfred gemacht. Ich habe mich erst selbst abgemüht und Ewigkeiten wie ein Zirkusartist mehrfach verdreht auf der Leiter gestanden. In der Montageanleitung stand, dass alles ganz leicht sei: anzwacken (zwick, zwack), Verdeckung drüberschieben (schnick, schnack) und dann Lampe einschalten (knips). Die Realität war aber, dass sich die Drähte nicht so einfach zwick, zwack anzwacken ließen, denn sie waren zu kurz. Ich fluchte (zwick, FUCK!!!). Als ich die Drähte dann befestigt hatte und die Verdeckung drüberschieben wollte, ging die gar nicht (schnick, schnack) zu schieben. Wer auch immer das Prinzip der Aufhängung dieser Lampe getestet hatte, der hatte dabei nicht auf einer Leiter gestanden, sonst hätte er gewusst, wie viele Tränen man auf einer Leiter weinen kann, ohne zu ertrinken. Ich schaffte es trotzdem, diese Lampe anzubringen. Ich schaffte es sogar mehrfach, diese Lampe anzubringen, denn jedes Mal, wenn ich von der Leiter herunterkletterte, war nichts mit »knips«. Das Licht funktionierte nicht. Ohne die Verdeckung ging's, und mit Verdeckung ging's nicht. Vom vielen Rauf-auf-die-Leiter und Runter-von-der-Leiter war ich so zermürbt, dass ich Alfred anrief, der sich gemütlich auf den Weg machte und mit der Geduld und der Frustrationstoleranz eines im Toten Meer angelnden Yogabären meine Lampe anbrachte. Dabei pfiff er sich ein Liedchen. Als ich ihn fragte, wieso er so gute Laune

habe, antwortete er, dass ich das morgen wissen werde. Am nächsten Tag hatte ich bestialische Nackenschmerzen, denn Alfred hatte meinen eigenen Voodoozauber auf mich angewandt.

Wie ich meinen Abfluss verstopft habe

Richtig gut habe ich den verstopft. Weil ich alte Farbe weggekippt habe. Meine Mutter sagte mir, dass man das ja nicht macht. Das wusste ich dann auch. Da der Küchen- und der Badabfluss zusammenhingen, ging gar nichts mehr. Ich schüttete in den Abfluss viele Flaschen hoch ätzenden Zeugs, das normalerweise ganze Päpste samt Tiara zersetzen kann, aber nichts geschah, außer, dass sich ein beißender Gestank verbreitete. In solchen Rohrfreimittelchen ist leider immer Ammoniak drin, und das ist auch in Pisse. Das irritierte meine Katze, weil sie dachte, dass eine fremde Katze ihre Wohnung markiert hatte. Darum markierte sie drüber. Schlimmer ging's nicht mehr. An dem Tag war mir schlecht. Ich weiß nicht, wie es meiner Brille ging. Alfred riet mir, die Polizei anzurufen und zu sagen, dass Drogen in meinem Ausguss versteckt wären. Das tat ich, und es funktionierte. Die Bullen schraubten alles auseinander und bürsteten alles durch. Dann schraubten sie es wieder zusammen und teilten mir mit, dass es sich nur um einen Klumpen Farbe gehandelt hatte. Ich weiß nicht, wie sehr ich diese Vorgehensweise, den Ausguss freizubekommen, empfehlen kann, denn irgendwann wird die Polizei bestimmt stutzig werden, wenn ständig Bürger anrufen und sagen, es wären Drogen in ihrem Ausguss. Ich hatte trotzdem gute Laune, ohne mich zu fragen, wie es meiner Brille ging, als ich einen Tag später den Brief von euch, dem netten fürsorglichen Brillant-Optik-Team, bekam, der ganz persönlich an mich gerichtet war.

Aber zurück zu Ihrer Frage: Wie geht es also meiner Brille?

In diesem Moment kam Alfred. Er untersuchte meine Brille, dafür brauchte er einige Zeit. Da ich nicht viel sehen konnte, wusste ich nicht, wie er meine Sehhilfe untersuchte. Ich hörte es rascheln. Dann wurde mir meine Brille mit den Worten »Der geht's gut!« zurückgereicht. Ich bedankte mich bei Alfred für seine Hilfe. Dann sah ich, dass mein Schlafsofa mal wieder etwas geschrieben hatte. »Ich bin dein Schlafsofa, und mir geht es übrigens gut! Für den Fall, dass das Möbelhaus einen Brief schickt und fragt.«

Alfred grinste breit. »Aber sonst geht's gut?«, fragte ich ihn. Mir schwante, dass mein Sofa gar keine Zettel schreiben kann.

Pflanzenmann

Ich habe aufgehört zu rauchen und trinke kaum noch Alkohol. Ich trinke nur noch Alkohol, wo kein Alkohol drin ist. Ich habe sogar mit Yoga aufgehört, und wisst ihr was ... das war ganz leicht. Ich habe auch aufgehört, wirklich Pflanzen zu kaufen, aber ich bin trotzdem verrückt nach Pflanzenmann.

Bestimmt hat er einen Namen. Bestimmt, aber ich will ihn nicht wissen. Das würde alles verderben zwischen uns. Nein, er soll einfach Pflanzenmann sein.

Ich sehe ihn nur zwei-, dreimal im Jahr, manches Jahr auch gar nicht. Es kommt darauf an, auf wie vielen Straßenfesten ich bin, wo er auch ist. Während andere Straßenfestbesucher preiswerte Schlüpfer kaufen oder Nascherreien aus Topf und Pfanne probieren, habe ich nur ein Ziel: Pflanzenmann. Wo ist er? Geht es ihm gut? Hat er ein neues T-Shirt?

Mein richtiger Mann weiß Bescheid. Er musste mit mir schon Stunden vor dem Pflanzenwagen verbringen und lange begeisterte Reden von mir hören. Er sieht, dass ich unruhig werde und meine Augen durch die bunte Schar der Festbesucher irren nach einem Zeichen von ihm. Tragen Leute große Tüten mit Pflanzen bei sich? Sonst ist das Fest kein Fest. Nicht für mich. Man kann auf einem Fest ohne Pflanzenmann alles Mögliche machen. Eis essen und dem Kind ein, zwei Karussellfahrten spendieren. Man kann mit dem Kind auf dem Arm um das Karussell rennen und ihm dafür später drei Euro vom Taschengeld abziehen. Das ist alles spaßig, aber ungefähr so spaßig, wie nach Memphis zu fahren und dann erst festzustellen, dass Elvis tot ist.

Da, große Tüten voll Pflanzen. »Da!«, rufe ich und zeige auf die Leute. Ich bin sonst schüchtern und versuche nicht aufzufallen, aber jetzt zeige ich auf fremde Leute und rufe laut: »Da! Er ist da.«

Ich muss das Fest durchkämmen, den Wagen suchen.

»Lauf nur!«, sagt mein Mann. Er nimmt mir das Geld ab und ich flitze los.

»Halt, das Kind!«, ruft er.

Ach, richtig, das habe ich noch auf dem Arm. Ich darf nichts mit zu Pflanzenmann nehmen, sagt mein Mann. Ja, es könnte sein, dass ich versuchen würde, das Kind gegen eine Palme zu tauschen. Wenn die Euphorie kommt.

»Ich hole dich nachher ab!«, sagt mein Mann.

»Wo haben Sie das her?«, herrsche ich eine Frau mit Pflanzentüte an.

Sie überlegt kurz. »WO?«, schreie ich. Ich schnuppere an den Pflanzen, dann folge ich einfach meiner Nase und rempel mich durch die Leute.

Erst sehe ich ihn von hinten. Er hat das grün-blau gestreifte Poloshirt an. Es spannt nicht mehr über dem Bauch. Er bückt sich nach einer Azalee. Seine Hose hängt zu weit unten. Ja, er hat wirklich abgenommen. Als er sich umdreht, erschrecke ich fast. Alt ist er geworden. Sein Gesicht erzählt alles über die Landstraße, über das Hin- und Herfahren, über das Pflanzentragen, das Beladen des Wagens, über das Schlafen in der LKW-Kabine. Wirklich, er ist ein Heiliger für mich. Er fährt herum, um Menschen Blumen zu bringen, fast schon zu schenken. Und er fährt dorthin, wo es am meisten wehtut, zumindest ihm, auf die Straßenfeste, wo die Familien sind, wo die frischverliebten Paare die erste Palme für die Wohnung kaufen, wo zwei alte Leute aus dem Fenster kucken. Ja, Pflanzenmann, das hätte auch dein Leben sein können. Aus dem Fenster sehen mit deiner Frau. Auf ein Straßenfest herabsehen, wo eine ehrliche Haut Pflanzen verkauft. Dass er eine ehrliche Haut ist, kann man sehen, wenn er sich nach den Azaleen bückt. Ein kurzer Aufschrei geht durch die Menge. Das ist ein ehrlicher Hintern. Den kann man ruhig mal zeigen. Er weiß alles über Pflanzen. Er muss nicht gut aussehen. Er hat die besten Preise. Er muss nicht freundlich sein. Sein Hintern ist so, wie er ist. Ein Imageberater hatte sich einst vor vielen Jahren angeboten und zu einer Latzhose geraten, die könne nicht rutschen beim Bücken nach Azaleen. Eine grüne Latzhose. Und einen Strohhut, schlug der Imageberater vor, mit einem Lavendeltrieb unter ein lilafarbenes Seidenband geschoben, seitlich, so dass er aussähe wie ein Gärtner in der Provence.

Und ein Headset, damit die Leute ihn besser verstünden. Und sich mal rasieren. Und nicht rauchen, wenn man die Pflanzen aus den Regalen nimmt. Das sei doch nicht gut für die Pflanzen, oder?

»Es läuft gut«, mag Pflanzenmann gesagt haben. »Schleich dich. Ich bin kein Gärtner. Ich bin ein hart arbeitender Mann.«

So müssen ihn die Leute nehmen, wie er ist, und sie tun es. Pflanzenkäufer sind nicht immer die Feingeistigsten auf der Welt. Die Pflanze ersetzt dem einfachen Mensch Hobby, Partner, Kinder und Urlaub. Hier kaufen keine Professoren, hier kaufen die einfachen Leute.

Er kann mit ihnen normal reden, und das tut er.

Er hat ein Mikrofon um den Hals gehängt, an einem Bindfaden. Zur vorderen Seite ist es mit Pflaster abgeklebt, damit der Wind nicht so hineinfährt. Was der Wind aber doch tut. Dann rauscht es fürchterlich. Wenn Pflanzenmann aus den meterhohen Regalen Pflanzen herauszieht, knallt das Mikrofon an das Metallgerüst des Regals. Das Mikrofon ist schlecht und rauscht. Pflanzenmann hat dazu oft noch eine Zigarette im Mund. Nein, er muss nicht deutlich reden. Es geht darum, Pflanzen zu verkaufen. Er will nicht gewählt werden oder so. Er redet einfach vor sich hin, ob ihm jemand zuhört oder nicht. Es ist ein Gesprächsangebot. Wenn da einer etwas wissen will – meistens, ob er oder sie den riesigen Elefantenfuß auch für fünf Euro haben kann –, dann wendet sich Pflanzenmann demjenigen kurz zu, zieht einmal an der Zigarette, und dann geht's los. »Solche Blumen gibt es nicht überall«, sondern nur bei ihm, fängt er langsam an. »Geh mal in den Baumarkt, da findest du die niemals in der Größe. Die sind ganz selten und gehen nie ein. In der Farbe werden die hier gar nicht verkauft. Die gehen sonst alle nach Frankreich, weil man da noch Ahnung von Pflanzen hat und bereit ist, mehr dafür zu bezahlen. Eigentlich gibt es diese Blume gar nicht mehr«, sagt er. »Die ist vom Aussterben bedroht, und das sind die letzten sieben ihrer Art.« Er kann die nicht für fünf Euro verkaufen. Da bräuchte er gar nicht erst loszufahren. Er kann nur zwei für sieben verkaufen. Und dann bringt er den Klassiker: »Wer jetzt hier ganz schnell mal Ahnung hat«, sagt er, und dann packt er ein Paket.

Ich liebe es, wenn er das sagt. »Wer jetzt hier ganz schnell mal Ahnung hat.« Wie kann man denn schnell mal Ahnung haben? Entweder hat man die oder nicht, ob schnell oder langsam. Und wenn man die schnell mal hat, hat man danach wieder keine? Ich werde ganz verrückt von dem Satz. Wer hier jetzt mal ganz schnell Abitur hat. Das ist doch Quatsch. Da muss ich kichern.

Wenn er ein Paket packt, steht plötzlich sein Helferchen neben ihm. Eigentlich sieht der aus wie er, hat aber nichts zu melden, weil er einfach weniger Charisma hat. Er ist zu nett zu den Leuten. Er ascht ihnen nicht ins Gesicht, wie sie da unten stehen und hoffen, total billig total viel Grünzeug zu kaufen. Sein Helferchen schüttelt eine riesige Tüte auf und hält sie hin. »Zack, ein Ficus, zwei Bergveilchen, eins in Weiß, kennt jeder, eins in Lila, wird hier kaum verkauft bei uns, eine Monstera, die werden riesig, eine Azalee und hier, ach komm, die auch noch.« Er sagt das so schlecht gelaunt, als wollten wir ihn ausrauben.

Es ist ihm völlig egal, ob das jemand will. »Für'n Zwanni hau ich das raus«, sagt er. Er hebt dabei nicht die Stimme, er zeigt nicht auf das Paket, er schreit nicht. »Für'n Zwanni«, sagt er. Entweder hat man eben mal schnell Ahnung oder nicht. So einfach ist das. Er nimmt die Tüte voll Pflanzen an den Henkeln, hält sie fünf Sekunden in Richtung dummes Volk. Wenn keiner den Arm hebt und »Hier!« ruft, wirft er die Tüte neben eines der Metallregale. Dann hat eben keiner mal schnell Ahnung gehabt. Ihm ist das egal. Er ist nicht enttäuscht vom Publikum. So sind sie eben. Sie haben eben nicht mal schnell Ahnung. Da muss er eben wieder nach Frankreich fahren, wo man noch mehr für Pflanzen bezahlt. Spätestens dann ruft jemand »Hier!«, und wenn erst einmal einer »Hier!« gerufen hat, kann es losgehen. Dann wollen auf einmal alle. Jetzt sind sie sich sicher, wenn da jemand »Hier!« gerufen hat, dann ist das ein guter Preis. Das muss ja jemand gewesen sein, der schnell mal Ahnung hat, dann mache ich das auch, denken die »Hier!«-Rufer und rufen »Hier!«. Das ist der Flow. Pflanzenmann packt mit Helferchen Tüte um Tüte und reicht sie rauchend runter, nimmt den Zwanni und beugt sich dabei nach vorne. Das Mikrofon schaukelt vor und bumst, über die Lautsprecher gut zu hören, auf seine Pflanzenmannbrust zurück.

Wenn er einen richtig guten Preis macht, sagt er: »Dann werd ich mir mal 'nen Scherz erlauben.« Über den Satz kann ich auch stundenlang nachdenken. Wieso muss er sich selbst einen Scherz erlauben? Und wem gegenüber? Muss er sich selbst gegenüber den Scherz erlauben, weil er sich normalerweise Scherze verbietet? Weil es sich in der Zunft der Pflanzenmänner nicht ziemt, Scherze zu machen? Und die wichtigste Frage von allen: Wieso lacht er nicht, wenn er sich schon mal einen Scherz erlaubt? Dann ist es doch gar kein Scherz.

Ich frage mich, ob er nach Feierabend lacht. Ob er Pflanzen mag. Ob er früher euphorischer war. Ob es noch andere Fans wie mich gibt.

Echt, ich liebe ihn. Er ist so großartig! Wie jeder große Künstler hat er es nicht nötig, sich zu verbiegen, sich anzubiedern. Er macht sein Ding. Ich würde ein T-Shirt kaufen mit seinen Tourdaten drauf. Pflanzenmann »Schnell mal Ahnung Tour 2014«, und dann steht da Straßenfest um Straßenfest untereinander, von Worpswede bis Heiligenblut. In irgendeinem Jahr fahre ich ihm mal hinterher. Und kurz bevor ich anfange zu weinen, kommt mein richtiger Mann und führt mich sanft vom Wagen weg.

»Und, war er gut?«, fragt er.

Ich nicke benommen.

»Hat er auch das mit Frankreich gebracht? Dass es die nur in Frankreich gibt und in der Farbe gar nicht?«

»Ja, hat er gemacht«, sage ich.

»Darf ich morgen noch mal?«, frage ich.

»Na klar«, sagt mein Mann. »Du darfst dann auch für 20 Euro was kaufen.«

»Nein«, sage ich. »Es geht nicht um Pflanzen. Schon lange nicht mehr. Das brauche ich nicht mehr. Du verstehst das nicht.«

»Ich hab aber gleich ganz schnell mal Ahnung«, sagt mein Mann. Der Satz ist so blöde. Da muss ich kichern.

Zweitliga-Superhelden

Unter einem Superhelden kann sich jeder etwas vorstellen. Zum Beispiel eine Brücke, die im Begriff ist zusammenzubrechen, während der Superheld – kein Tröpfchen schwitzend – das Gemäuer und Gebälk durch stramme Einatmung und auf diese Weise erzeugten Unterdruck am Zerbröseln hindert. So rettet der Superheld die Brücke, die Schulklasse auf der Brücke, die Läuse auf den Köpfen der Schulklasse – und die attraktive Erzieherin der Schulklasse. Ja, er gewinnt sogar ihr Herz im Einszweidreiviersauseschritt. Sie können dann kleine Superhelden zeugen, die, wenn sie später üben, ihre Superkräfte zu dosieren, mit der Schaukel durchs Weltall sausen werden.

Superhelden kennen wir. Aus Heften mit Bildern, die man als Kind geradezu studiert und die man nun neben dem Klo liegen hat, denn »Whoosch« und »Zonk« lässt sich leicht lesen, während der Körper seinen manchmal nicht so einfachen Ausscheidedienst »Pfft und Platsch!« verrichtet.

Während sich die Erstliga-Superhelden in Kinofilmen tummeln, haben es die Zweitliga-Superhelden nur in diese Geschichte geschafft.

Zum Beispiel: Schneckenmann

Schneckenmann kann nicht fliegen, nicht rennen, nicht springen. Er kann nur kriechen und dabei eine glänzende, rutschige Schicht hinterlassen. Darum kann er sich nicht verstecken. Man kann ihn überall finden, aber niemand sucht ihn. Wenn man versuchen würde ihn zu beschatten, würde man bei der Beschattung vor Langeweile sterben.

Wenn er zu Hilfe gerufen wird, rutscht er los und ruft dabei: »S c h n e c k e n m a n n, W h o o o o o s c h !«

Er hilft durch das Gesetz der angerauchten Zigarette. Wenn man eine Zigarette entzündet, kommt der Bus. Bis Schneckenmann am Ort des Geschehens ist, hat sich alles von allein erledigt.

Wenn er angreift, dann so langsam, dass bis dahin die Gegner tot sind. Und so hat er sie umgebracht. Er weiß nicht, was die Hektik soll. Die meisten Sachen erledigen sich von alleine.

Dann wären da noch: Im-Weg-steh-Hund und Um-die-Füße-streif-Katze

An Im-Weg-steh-Hund kommt keiner vorbei. Er steht immer da, wo man langwill. Dabei schaut er treublöd. Für Aufmerksamkeit würde er sich überall hinstellen. Er kann allein eine acht Meter breite Autobahn versperren, einfach durch Blödrumstehen. Wenn er furzt, hat er ohnehin gewonnen.

Wenn ihm noch Um-die-Füße-streif-Katze hilft, dann ist jeder Rückweg versperrt. Um-die-Füße-streif-Katze schnurrt so lange um die Bösewichter herum, bis die Polizei kommt.

Und natürlich gibt es auch weibliche Zweitliga-Superhelden: Warum-Mädchen

Sie ist klein, ihre Nase läuft schneller als alle anderen Nasen. Sie hat zwei Zöpfe und will alles wissen.

WAS machst du da?

Ich will die Weltherrschaft erringen.

WARUM?

Damit ich die Weltherrschaft habe.

WARUM?

Weil ich dann die Weltherrschaft habe.

WARUM?

Weil mir dann keiner mehr widerspricht.

WARUM?

Weil alle Angst vor mir haben.

WARUM?

Weil ich so furchterregend bin.

WARUM?

Weil ich ein skrupelloser Bösewicht bin, den nicht mal seine Mutti lieb haben kann.

WARUM?

Weil …

Warum-Mädchen fragt so lange nach dem Warum, bis der Bösewicht in einem Lehrstück sokratisch geführten Dialogs zur Selbsterkenntis gezwungen wird und somit heulend einsieht, dass nicht lieb gehabt werden nicht so schön ist wie lieb gehabt werden.

Und zum Schluss der beste von allen Zweitliga-Superhelden: Sprüchemann

Wer ihn nicht kennt, hat die Welt verpennt, sagt er. Wenn man kopfschüttelnd: »Oh, Gott, alles klar!« sagt, erwidert er: »In diesem Leben inkognito unterwegs.«

Sprüchemann glaubt, ein Gespräch würde untergehen, wenn nicht wenigstens ein alter Spruch im Gespräch für Kurzweil und Heiterkeit sorgt. Da diese alten Sprüche selten für Heiterkeit sorgen, muss man eben ganz viele davon bringen, bis endlich einer lacht. Es ist wie das Schießen mit nasser Munition.

Aber manchmal, manchmal trifft man jemanden, der irgendeinen Spruch noch nicht kannte UND ihn auch noch lustig findet. Für diesen Moment lohnt es sich, abertausend Male in gelangweilte Gesichter zu sehen und folgendes Geräusch zu hören: »Öh!«

»Mal 'n bisschen Ballett hier. Wo kein Eis liegt, kannste rennen. Kommse rein, könnse rauskieken. Setz dich hin, sindwa einer mehr. Gib's gib's inner Gibsstraße. Alles Roger in Kambodscha, alles klar auf Sansibar. Schitte böhn, Schanke döhn! Haste Scheiße am Fuß, haste Scheiße am Fuß. So ist das und bleibt das – in engen Hosen reibt das. Stelle merken, waschen. Sei mal ruhig, ich riech was. Immer mit der Ruhe und dann mit'm Ruck, aber Vorsicht: Nach fest kommt ab.«

Gegen Sprüchemann hat niemand eine Chance. Er vertreibt sie alle. Er blubbert sie in Grund und Boden. »… und Abends mit Beleuchtung. Ja klar und in Afrika ist Muttertag. Und aufm Mond ist Kirmes.«

Er schlägt nicht zu. Seine Waffe ist die abgenudelte Androhung von Gewalt.

»Du kannst morgen dein Brötchen aus der Schnabeltasse lutschen! Noch so'n Ding – Augenring! Noch so'n Spruch – Kieferbruch! Ruckzuck ist die Lippe dick! Da rüttelt aber jemand mächtig am Ohrfeigenbaum!«

Gegen Sprüchemann gibt es nur ein einziges Mittel: Einen weiteren Sprüchemann. Treffen sich zwei Sprüchemänner, bleiben sie in einer Zeitschleife aneinander hängen und erzählen sich auf ewig ihre Sprüche.

Selbst wenn sie es schaffen, sich zu verabschieden, geht diese Verabschiedung nie vorbei. Nie, nie, nie schaffen es zwei Sprüchemänner, eine Kneipe zu verlassen:

Sagt der eine: Tschüssikowski,
sagt der andere: Bis Petra.
Sagt der eine: Tschö mit ö,
sagt der andere: Tschausen von außen.
Alter vor Schönheit.
Mach's gut, aber nicht zu oft.
See you later, alligator.
Ich verdünnisier mich mal.
Lass mich Arzt, ich bin durch.
So jung komm' wir nie wieder zusammen.
Lasset uns aufstoßen und ins Horn brechen.
Erst die Hose, dann die Schuhe.
Ich geh kaputt, gehste mit?
Ich mach jetzt den Schuh.
Bis dahn, sagt der Hahn.
Bis denne, sagt die Henne.
Und so weiter und so weiter und so weiter.

Hätten Sie gedacht, dass Sprüchemänner Superhelden sind?

Schauen Sie sich einmal genauer in Ihrem sozialen Umfeld um, welche Zweitliga-Superhelden Sie alles kennen. Vielleicht kennen Sie die Durch-die-Tür-kuck-Nachbarin oder den Hassmagnet-Busfahrer?

Nähmamas

Ich hab angefangen zu nähen. Nähen ist gut. Nähen kann nichts dafür. Es macht Ratatat – am Ende hat das Kind was zum Anziehen. Das geilste Hobby, das ich je hatte. Ratatat forever. Weil ich nähe, stolpere ich im Internet regelmäßig über Blogs von Nähmamas. Alles voller Nähmamas. Ich stolpere nicht. Ich stürze. Ein riesiges Labyrinth, aus dem ich Stunden später verwirrt wieder auftauche. Welcher Wochentag ist heute? Wo ist eigentlich mein Kind? Wer bin ich? Bin ich schon eine Nähmama?

Nee, ich will keine Nähmama sein! Nee.

Sie backen, sie stricken, sie nähen. Sie fotografieren, sie machen Ringe, sie nähen. Sie fotografieren alles, was apfelgrün ist, alles, was brombeerrot ist, sie nähen. Sie probieren Serviettentechnik. Sie basteln Herbstschmuck. Sie machen Schleifen an Gardinen und Bordüren an Küchenschürzen. Sie benutzen Wörter wie »zauberschön«. Sie machen vor dem Wort ein Herz und hinter dem Wort ein Herz und in dem Wort ein Herz, und wenn das Wort »Herz« kommt, dann tippen sie gleich ein Herz.

Die neue Bluse ist »herzig und allerliebst«. Manchmal auch »Hammer«, oder »Oberhammer« oder »hammerherzig«. Da dreht sich jeder Hammer im Grabe um.

Sie fangen einen Quilt an, weil sie so viele Reste haben. Sie kaufen neuen Stoff, um neue Reste zu haben. Sie nähen Taschen für Handys, Taschen für Wäscheklammern, Taschen für ihre Fotoapparate, und die fotografieren sie. Sie nähen Taschen für Taschen, Taschen für Taschentücher, Taschentücher mit Monogramm für die Taschen mit Monogramm, Taschen für Flaschen, Taschen fürs Tuschen, Taschen fürs Naschen, nur keine Taschen fürs Haschen.

Sie schicken sich gegenseitig die Taschen. Sie machen Fotos von den Taschen, die sie schicken, und den Taschen, die sie bekommen haben. Von Sani für Nicky. Von Jessy für Frau Traumkleid, von Nadelzauberin für Zwirnröllchen.

Und wenn sie für ihre Töchter nähen, wird's richtig heftig. Zauberschön ist ein viel zu hartes Wort dafür. Es ist traumbutziwutziwuschelpuwwel-mausi-piepsi-niedlich. Rosa mit Rosa mit Rosa mit Blümchen und Pünktchen und Matroschka. Und Rüschen. Und manchmal – ah, kreisch, quietsch – mit einem Totenkopf mit Schleife. Ist das hammerherzig!

Sie knuddeln sich. Sie herzen sich. Sie schicken sich was. Nach der »Mini-Kühltasche« nun die »große Kühltasche«, Bastelannette freut sich über nette Kommentare.

Da wird nicht genäht. Da wird gezaubert. Da springt ein neues Kleid von der Nadel. Und in das ist man ganz verliebt. Und Hose heißt Buxe. »Habe die neuen Buxen betüdelt, wie es die Prinzessin mag.« Da posiert die Prinzessin mit Buxe im Garten. Ein Garten, als wären die Wege geleckt worden. Als hätten sogar die Regenwürmer ein Kleidchen an.

Und sie haben ALLE ein Zitat unter jedem Eintrag. »Lebe deine Träume.« Sie träumen von Quilts. »Endlich auch mal einen Quilt machen. Ich trau mich noch nicht.«

»Traumstöffchen« sagen sie, wenn sie schönen Stoff gekauft haben. »Habe das Traumstöffchen heute angenascht.« Und der Blog heißt wie ihre Kinder. Und die müssen sich immer fotografieren lassen; der Große will nicht mehr. Die Seite heißt »Knöpfchenglück«. Und die Frau hat das Kleid nicht nur für eine kleine Prinzessin genäht, nein, sie ist selbst eine. Und die anderen Nancys schreiben, dass das »traumschön« sei. Bei dem Wort bekomme ich Spontandiabetes.

Der Blog »Stöffchen« teilt sich auf in die Kategorien »Feines Bübchen« und »Feines Mädel«.

Uh. Ui. (Ich kann es kaum aussprechen. Mit den Händen fuchteln. Luft zufächern.) Puh. Ein Partnerkleid für Mama und Soraya-Fee. Und aus den Resten hat sie runde Kissen gemacht. Runde Kissen liebt sie.

Haben die eigentlich Männer? Diese Frauen? Halten die so viele runde Kissen überhaupt aus, die Männer? Gehen da Männer nicht ein, wenn überall runde Kissen sind? Kissen sind ja schon weich. Aber dann auch noch rund? Nicht mal 'ne Ecke? Nicht mal 'ne weiche Ecke?

Und eine Frau näht lange dünne, elegante Puppen, die »Engel« heißen und oben auf der Sofalehne sitzen. »Habe heute einen neuen Engel genäht. Den sechsundvierzigsten. Hammerbeine, rote Lippen, Stiefelchen. Die freche Variante. Die Lola.«

Daaaa wird der Mann sich dran reiben – manchmal. Daaaa fallen der Frau aber die Augen raus, wenn sie aus dem Nähstüblein tritt, ein neues Engelchen auf dem Arm, und ihr Mann, das Schwein, der über all die Jahre immer weniger von den runden Kissen auf dem Sofa unterscheidbar wurde, der hängt offenen Hosenlatzes über der Lola.

»Martin, da gehen die Nähte kaputt! Das sind Ziernähte!«

Und die Nähmamas nähen Bären mit Verletzungen. Warum haben Bären immer irgendwo ein Aua?

Und die Tochter will nicht mehr benäht werden. Da macht sich die Susanne eine Babypuppe aus so einem Bastelset, und sie fotografiert, wie sie der Babypuppe die blonden Haarsträhnen alle einzeln durch die Schädeldecke zieht. Und dann bekommt die Babypuppe erst mal ein Sabbertuch aus einem Traumstöffchen angetüdelt.

Bitte, lasst meine Nähmaschine auf mich fallen, von ganz oben, wenn ich so werde.

Gehörlos ist das neue Altersmilde

Ja, ja, hätte ich nicht machen sollen …

Ich weiß, ich weiß, ich weiß, aber Weißen hilft nichts. Weißen macht nicht klug.

Es gibt nur ein paar Regeln.

Du sollst nicht stehlen.

Du sollst nicht töten.

Und du sollst keine Wattestäbchen benutzen. Die verstopfen nur den Gehörgang.

Immerhin habe ich nicht mit gestohlenen Wattestäbchen meine Ohren gereinigt. Oder die Ohren von jemand, den ich vorher getötet habe. So schlimm ist es also gar nicht.

Ich hatte nur die Absicht, meine Ohren zu reinigen.

Dazu muss ich sagen, dass ich sehr kleine Ohren habe. Sehr klein. Sie sind 4,5 cm. Sie sind so klein, dass es den meisten Leuten gar nicht auffällt. Ein Paradox, ein Paradox.

Meine Ohren sind nicht nur von außen klein, von innen auch. Wenn ich als Kind bei Ohrenärzten war, haben die geflucht. Wörter, die man nicht sagen soll. Egal, hab ich ja nicht gehört. Dann haben sie die Kuckgeräte für Mäuse vom benachbarten Tierarzt ausgeliehen. Als ich ein Schulkind war, konnten die Kuckgeräte für Säuglinge benutzt werden, inzwischen gehen die für Schulkinder.

Wenn ich als Kind nicht gehört habe, wurde das immer auf die kleinen Ohren geschoben. Ein Traum für Eltern: eine Ausrede haben für das Verhalten des Kindes. Aufmerksamkeitsdings gab's damals noch nicht. Kleine Ohren, haben sie also gesagt.

Leider konnte zu Schulzeiten nie der Beweis erbracht werden, dass mein Gehirn auch irgendwie besonders klein ist. Bei mir wurde damals gesagt, ich hätte zu viel Fantasie. Aus heutiger Sicht, bei dem Beruf, den ich habe, weiß ich gar nicht, was das sein soll: zu viel Fantasie.

Aus Sicht einer Mutter, die ich ja inzwischen bin, weiß ich allerdings doch, was das sein soll: zu viel Fantasie.

Zu viel Fantasie ist, wenn man das Kind morgens als Kaninchen weckt, es als Hund anzieht, in der Kita als Pferd abgibt, nachmittags als Löwe abholt und als Katze ins Bett bringt.

Zu viel Fantasie ist, dass das Kind die unsichtbaren Gänse im Bus anbindet und beim Aussteigen vergisst. Dann weint das Kind ganz bitterlich, und ich muss ganz viel Überredungskunst aufbringen, damit unsichtbare Gänse sich bitte alleine losbinden können oder jemand anders im Bus sie losbinden kann, wobei das Kind laut heult, dass es doch unsichtbare Gänse sind. Alleine lassen können wir die Gänse auch nicht im Bus, denn es sind Babygänse, sie haben Angst und kennen sich auf dem Alexanderplatz nicht aus. Gott sei Dank können unsichtbare Gänse durch geschlossene Busfenster fliegen.

Zu viel Fantasie ist, dass man als Elternteil jedes Mal fragen muss, ob man hier einfach langlaufen darf – denn vielleicht ist da ein Schloss, ein Zwerg, eine Mauer oder ein Fluss. Der Flur – eine gefährliche Gegend.

Aber zurück zu meinen Ohren, diesen kleinen sympathischen Läppchen an meinem ebenfalls kleinen Kopf. Sie sind so eng, dass sie schnell verstopfen. Ich spüle dann. Normalerweise.

Diesmal habe ich sie gereinigt. Mit Wattestäbchen, die bei einem Freund im Badezimmer lagen. Ich kauf so was nicht. Ich kauf das mit Absicht nicht, denn wenn ich es kaufe, stecke ich es mir auch ins Ohr. Ebenso mit Schokolade, nur mit dem Unterschied, dass ich die in den Mund stecke, anstatt ins Ohr. Kauf ich also gar nicht. Wenn ich aber irgendwo welche finde, esse ich sie schnell auf.

Das ist so gemein, dass man Wattestäbchen nicht benutzen soll, denn es ist so schön, ein Wattestäbchen zu benutzen. Es krabbelt schön, es ist so herrlich, es im Ohr zu drehen. Da beginne ich zu schnurren. Ich könnte mich auf den Rücken werfen und die Zunge aus dem Mund hängen lassen. Ohrenreinigen ist fast so schön wie Kratzen. Manchmal kratze ich mich und denke dabei: Wenn du ganz alt bist und dir nichts mehr bleibt, dann kannst du dich immer noch kratzen. Ach, wird das schön. Kratzen ist der Sex der Alten.

Also, liebe Kinder, was passiert, wenn man Wattestäbchen benutzt?

Die Gehörgänge verstopfen.

Schwuppdiwupp, war ich so gut wie taub. Schade, es war halb fünf, und ich musste meine Tochter vom Kindergarten abholen. In der Wohnung des Freundes ging es noch. Er redete laut genug. Meistens nicht viel. Und immer dasselbe. Ich litt nicht unter dem Verlust meines Ohrlichtes.

Doch kaum war ich auf der Straße, bemerkte ich, dass ich völlig orientierungslos war. Hupte es von vorn oder von hinten? Hupte es überhaupt, oder war das eine Sirene? Bellte ein Hund, oder rief jemand wütend meinen Namen?

Schon nach einigen Minuten beschloss ich, dass das im Grunde genommen ja auch egal sei. Wenn irgendjemand wirklich was von mir wollte, könnte er mich ja berühren oder anschreien.

Im Kindergarten der Tochter war es an diesem Tag auch herrlich leise und entspannt. Üblicherweise gab es eine Art Lärmgegenwind, wenn man unten die Tür öffnete. Gegen den musste man richtig ankämpfen. An dem Tag allerdings ging ich wunderbar pfropfengedämpft durch die bunten Flure. Die Kinder rannten hin und her und hatten offene Münder. Die anderen Eltern sahen total fertig aus. Ich lächelte in mich hinein. Gedämpft brüllte meine Tochter ihre Begehrlichkeiten. Es war ein Leichtes, geduldig den Kopf zu schütteln. Es war ein Leichtes, konsequent zu bleiben. Ich ließ mich nicht zu einem Ja umstimmen. Ihre Waffe war diese nervtötende kleine Stimme, mit der sie so ausdauernd und hoch quengeln konnte. Mein Schutzschild war mein Pfropfen. Pfropfen sollten Erziehungszeitungen beigelegt werden. Für die Bio-Vegetarier natürlich Naturpfropfen aus echtem Ohrenschmalz. Von glücklichen Tieren.

Ich fuhr entspannt nach Hause. Hörte meiner Tochter, so gut es ging, zu. Ihre Themen waren Drachen, Prinzessinnen, Pferde, fliegende Pferde, Ritter und wer wen gehauen hatte. Ich nickte freundlich.

Jemand hatte die Welt runtergedreht.

Beim Einkaufen bewegte ich mich schön langsam. Das Kind hatte schon bemerkt, dass jegliches Schreien und Quengeln nichts half. Sie hatte einen von mir milde betrachteten filmreifen Wutanfall im Süßigkeitengang hingelegt. Ich war gechillt. Ich hörte ja nicht, dass man über mich redete, dass alte Frauen sagten, das hätte es damals nicht gegeben, als Kinder noch fürs Zungerausstrecken ordentlich verwamst wurden.

Meine Tochter versuchte, mich in die Beine zu beißen, um mich aus meiner friedlichen Trance zu holen.

Nein, nein, sagte ich liebevoll und ging weiter. Das Kind hatte sich an mir festgebissen, und ich schleifte es nach Hause. Dort fiel es erschöpft ab und blieb friedlich im Flur liegen.

Auch mein Mann sagte, ich wäre eine wunderbare Zuhörerin. Ich unterbrach nicht. Ich widersprach nicht. Ich lächelte nett und nickte. Ich schaute ihn konzentriert an, denn inzwischen hatte ich mich aufs Lippenlesen verlegt. Ich war völlig zufrieden, dass ich überhaupt akustisch verstand, was er mir übermitteln wollte. Inhaltlich musste ich es dann gar nicht mehr verstehen. Das schuf einen tiefen Frieden zwischen uns, den ich in all den Jahren vorher nicht erreicht hatte. Logisch, ich hatte versucht, ihn zu verstehen, anstatt ihn einfach nur zu verstehen.

Am nächsten Tag ging es mir sogar noch besser. Ich hatte wunderbar geschlafen. Vielleicht war die Tochter nachts wach gewesen, vielleicht nicht. Ich war jedenfalls nicht wach gewesen. Vielleicht hatte der Mann geschnarcht, vielleicht nicht. Ich hatte geschlafen.

Mädchentraum

Ich hatte einen Traum.

Mir träumte von der wilden Weite der Savannen-Gebiete in der Serengeti südlich der Sahara. Trockenes, nach Wasser darbendes Gras raschelte bei jedem Windhauch in sengender Hitze. Sonst Stille. Die Luft flirrte eine optische Täuschung von fallendem Regen. Es knisterte jede Pflanze vom Mangel gebeugt der gerissenen roten Erde entgegen. Die dünnsten Halme hatten sich bereits zum Sterben gelegt.

Eine Herde äste Flachwurzler und Windengewächse. Die Thomson-Gazelle ist nach dem schottischen Afrikaforscher Joseph Thomson benannt. Das muss die Thomson-Gazelle aber nicht interessieren. Die Herde aus 58 Thomson-Gazellen zupfte mit 58 weichen Mäulern an den schneidenden Grashalmen. Der Hunger war nicht so arg wie der Durst. Von den trockenen Halmen husteten die Thomson-Gazellen. Manchmal schnitt ein garstiger Halm dem Huftier in das weiche Maul. Das Leben war hart in der Serengeti. Ganz in der Nähe standen Streifengnus und wackelten mit den Ohren, damit die Fliegen nicht in die Gehörgänge flogen.

Eine junge Gazelle boxte ihre kleine Schnauze ins Gesäuge der Mutter. Milch. Das Böckchen schloss die schwarzen, aufgeweckten Augen. So waren nur noch die weißen Augenringe zu sehen, die anmutige Fellzeichnung der Thomson-Gazellen. Der kleine schwarze Schwanz des Böckchens zuckte munter in hoher Frequenz und großem Winkel aufgeregt hin und her. Ein friedliches Bild von ewiger Heranzucht des Nachwuchses. Die Mutter hatte im Jahr zuvor ein Junges verloren. Das Jahr davor hatte die Schwester der Mutter ihr Junges verloren und das Jahr davor hatte ein Junges der Mutter sein Junges verloren.

Nicht verwunderlich also, dass die weibliche Thomson-Gazelle gut auf ihr Kleines achtgab. Sie hob ihren Kopf, so dass ihre geringelten, dicht beieinanderstehenden Hörner nach hinten zeigten …

… wo im Gras ein Gepard lag, durch seine schwarzen Flecken getarnt, im Flirren der Luft kaum auszumachen. Die gelbliche Grundfarbe des Fells ähnelte dem verdorrten Gras, in dem der Jäger lag, den deutlich helleren Bauch fest in den Savannenstaub gepresst.

Der Gepard wartete auf den richtigen Moment. Warum sollte er das Böckchen nicht erst zu Ende trinken lassen? So viel Zeit muss sein. Die optischen Sinnesorgane des Geparden waren starr ganz nach vorne gerichtet, so dass seiner Aufmersamkeit keine der flinken Schwanzbewegungen des trinkenden Böckchens entging. Dadurch, dass die bernsteinfarbenen Augen des Geparden genau nach vorne gerichtet waren, überschnitten sich die Sehfelder, und der Jäger war in der Lage, Entfernungen sehr gut abzuschätzen. Das muss den Geparden aber nicht interessieren. Das Tier schob sich flach und hoch konzentriert durchs trockene Gras, das ohnehin von Wind und Dürre angegriffen knisterte und dem Knistern des Geparden Deckung gab. Bis zu 50 Meter schaffte er es oft sich anzupirschen, bevor die Thomson-Gazellen ihn witterten. Erst wenn die Huftiere aufgrund eines mulmigen Gefühls ihr Rupfen der kärglichen Kost abbrachen, um zu wittern und zu lauschen, preschte der Gepard – alle Sinnesorgane geschärft – aus dem Dickicht hervor und beschleunigte in vier Sekunden von null auf hundert.

Jetzt ist der Moment. Der schlanke Körper des Geparden schnellt wie aus einem Bogen geschossen hervor. Seine extrem langen, dünnen Beine wirbeln in größter Spannweite Meter um Meter. Die flüchtenden Tiere sprengen wie spritzendes Wasser auseinander, ihre hüpfenden weißen Hinterteile als bewegliche Zielscheibe wie Lichter am Ende eines Tunnels. Die Hufe schlagen, die Herzen schlagen. Dadamdadam. Dadamdam. Auch die Hufe und das Herzchen des Böckchens: Damdamdamdam. Die dicken, schuppigen Sohlen der großen, federnden Großkatzentatzen puffen bei jedem Bodenkontakt Savannenstaubwölkchen auf, die wie regungslos in der heißen Luft schweben. Geübt hat der Gepard das Böckchen von der Herde getrennt. Der lange Schwanz balanciert die Richtungswechsel aus, die der Jäger mitgehen muss, weil der Gejagte Haken schlägt, wie es ihm die Mutter beigebracht hat. Auf 112 km/h hat sich die Hatz beschleunigt. Wenn der Gepard das Böckchen nicht bald erreicht hat, geht ihm die Puste aus, denn er kann nur 400 Meter sein Höchsttempo halten. Er überhitzt zu schnell und könnte davon sterben. Sein Fach ist der Sprint und nicht der Langstreckenlauf. Eine Hetzjagd über 500 Meter könnte schon tödlich sein. Der Gepard wäre wie seine Opfer ein Opfer seiner Schnelligkeit.

Der Rhythmus der Jagd: *große Tatze, große Tatze*, kleine Hufe, kleine Hufe, kleine Hufe, kleine Hufe, *große Tatze, große Tatze*, kleine Hufe, kleine Hufe, kleine Hufe, kleine Hufe, *große Tatze, große Tatze*, kleine Hufe, kleine Hufe, kleine Hufe, kleine Hufe.

Nur noch wenige Zentimeter zwischen beiden Tieren. Das schnellste Landtier der Welt rast so schnell wie der Puls des gejagten Böckchens. Der Gepard versucht mit der Tatze das Hinterteil des Böckchens zu erreichen. Gleich. Millimeter, Mikrometer, Nanometer.

Gleich.

Der Gepard erhebt die Tatze und schlägt in der Sprintbewegung nach dem Hinterteil. Berührt es.

»*Du bist!*«, ruft er, dreht sich um und rennt weg.

Soziologische Phänomene mit physikalischen Aspekten, an mir selbst untersucht

Das Kaltgerinnungs-Phänomen

Da ich umzingelt bin von einer Masse zu tuender Tätigkeiten, ist es schier unmöglich, die Wohnung zu verlassen. Wenn ich doch meinen Bannkreis der Tätigkeiten verlasse, plappert mein Gedankenfluss munter und mündet in einen klaren Fazit-See: Ich muss eigentlich so schnell wie möglich wieder nach Hause, um dort weiter gegen die zu tuenden Tätigkeiten anzukämpfen. Eine innere Eile zurückzukehren ist mit mir.

Doch wenn ich an einem anderen Ort erst mal ankomme, verlässt mich diese Eile sofort. Dass zu Hause zu tuende Tätigkeiten warten, ist nun gerade ein Grund, NICHT aufzubrechen.

Ich kann mir das nur so erklären: Mit Erreichen eines Ortes kühlt der Körper ab, und eine Kaltgerinnung tritt ein. So wie ein Spiegelei aufhört, in der Pfanne herumzulaufen, wenn es erhitzt wird. Daher auch der Satz: »Ich bin Spiegelei«, den mein Mann und ich verwenden, um zum Ausdruck zu bringen, dass wir uns gerade ortstreu verhalten und daher sicherlich zu spät kommen werden.

Wenn die anderen Menschen nicht irgendwann aufbrechen wollten, würde ich an jedem Ort, an dem ich mal gesessen habe, immer noch sitzen.

Das Zeitdehnungs-Phänomen

Normalerweise funktioniere ich im zweiten Gang, morgens und abends oft im ersten. Bevor ich losgehe, habe ich aber einen dritten Gang, den ich für einen fünften Gang halte. Kurz vor dem Losgehen denke ich, ich könnte durch schnelle Bewegungen die Zeit dehnen. Das heißt, wenn ich fünf Minuten zur Verfügung habe, kann ich durch wilden Aktionismus 15 Minuten gewinnen. Ich streiche die Küche, wasche ab, schneide meinem Hund die Haare zwischen den Pfotenballen, trage einen Löffel von der Stube in die Küche, einen Stift von der Küche in die Stube, eine Cremedose von der Stube in das Bad, trockene Wäsche vom Bad in das Schlafzimmer, eine dreckige Socke vom Schlafzimmer in die Küche in die Waschmaschine, werfe die Waschmaschine an, nehme die Wäsche vom Wäschetrockner ab …

Natürlich verlasse ich so die Wohnung zu einem Zeitpunkt, an dem ich schon längst am Treffpunkt sein sollte. Die Dehnung der Zeit ist also nicht direkt am Ort des hektischen Geschehens zu beobachten. Die gedehnte Zeit wird allerdings an anderer Stelle, zum Beispiel am nächsten Tag, nachträglich eingefügt. Sie bäumt sich wie eine Erdverwerfung plötzlich auf und beult sich als zusätzliche Zeit in den Tag hinein. Da ich zum Beispiel schon die Wäsche abgenommen habe, muss ich das dann nicht mehr machen. Dadurch, dass ich vieles in aller Eile erledigt habe, muss ich es nicht in aller Ruhe tun. Somit habe ich Zeit gewonnen.

Woher ich diese allerdings habe, ist mir leider auch bewusst. Ich habe sie von meinen Freunden gestohlen, denn diese haben irgendwo eine Viertelstunde auf mich gewartet. Oft können sie so aber endlich in Ruhe telefonieren, die Zeitung auslesen oder einmal nichts machen. Ich habe ihnen somit auch wieder Zeit geschenkt. Einige meiner Freunde kommen allerdings zu jeder Verabredung 20 Minuten zu spät. So haben sich zwei Menschen gefunden, die abseits jedes Pünktlichkeitswahns herrlich befreundet sein können.

Das Ölpfützen-Phänomen

Egal, wo ich ankomme, ich breite mich dort erst einmal aus: meine mitgeführten Besitztümer ebenso wie meine mitgeführten Extremitäten. Meine Arme und Beine wachsen sofort ein Stück. Wenn ich ein Buch bei mir habe, klappe ich es auf, damit es mehr Platz wegnimmt. Einen Regenschirm spanne ich auf. Am exemplarischsten ist dieses Verhalten zu beobachten, wenn ich mit einem Menschen das Bett teile. Wenn dieser Mensch sich bewegt und ein wenig

Lakenfläche freigegeben wird, lege ich dort sofort ein Stück Körper von mir ab. Und wenn ich dafür unbequem liegen muss. Meine Tochter hat es geerbt. Schon als sie ganz klein war, war sie in der Lage, ganz groß zu sein. Wenn wir zusammen in einem Bett oder auf einem Sofa ruhten, schlief sie mich komplett an die Wand. Ich war nur noch eine aus Mutterliebe bestehende Quetschkommode. Meine Tochter hingegen schlief selig in der Körperhaltung des Seesternes.

Die Welt hat Glück, dass mein Körper nicht unendlich dehnbar ist, sonst würde ich schon längst als dünner, hautfarbener Film die ganze Welt überziehen.

Der tantrisch eigenakupressive Knick zwischen Körper und Geist

Oft denke ich, dass ich mir durch kurzes fleißiges Verhalten eine Ruhepause verdient habe. Denn nach einer kurzen Ruhepause wäre ich natürlich in der Lage, noch fleißiger zu sein – und das über einen längeren Zeitraum. Also lege ich mich hin. An der Art, wie ich mich hinlege, muss etwas tantrisch Eigenakupressives sein. Es findet ein Abknicken ines Nervs statt, der mein Gehirn mit meinem Körper verbindet.

Mein Geist sendet Signale an den Körper, damit dieser aufsteht. Der Geist hat Pläne, der Geist weiß sogar, dass es absolut unumgänglich ist, dass der Körper sich erhebt und dringende wichtigpopichtige Dinge tut. Doch mein Körper kann diese Signale nicht empfangen. Er liegt wie ein Holzstamm. Das ist nicht halb so schlimm wie das gegenteilige Phänomen. Wenn es mein Geist DOCH schafft, dem Körper die entscheidenden Impulse zu senden, sich zu erheben, lässt der Körper beim Aufstehen den Geist im Bett zurück.

Ich bewege mich dann ohne Geist durch den Tag. Bin ein dummer Zombie, dem keine Erwiderung einfällt. Worte wie »Entschuldigung«, »Bitte« und »Danke« liegen zu Hause im Bett.

Das Montags-Zahnseide-Phänomen

Grob gesagt, beginne ich manchmal Dinge mit einer bananenfröhlichen Zuversicht, als ob ich mich nicht kennen würde.

Wenn ich vom Zahnarzt komme und der meinen Zahnstein entfernt hat, bin ich jedes Mal fest davon überzeugt, dass ich den Zustand meiner Zähne durch gutes Putzen für immer so erhalten kann. Ich benutze ein paar Tage ununterbrochen Zahnseide. Danach ist die Zahnseide alle.

Ebenso denke ich montags, dass ich durch diszipliniertes Starten in die Woche eine disziplinierte Woche herbeiführen kann. Da macht aber die Woche nicht mit.

Oft reizt der Januar dazu, einen Optimismus zu empfinden. Dieses Jahr wird alles anders werden. Da macht das Jahr aber nicht mit.

Nach hinten hinaus schwächelt sich alles einer vor mir weglaufenden Ziellinie entgegen. Da ich das inzwischen schon weiß, führe ich keine sinnlosen Kämpfe mehr gegen einen faulen Freitag. Schon mittwochs bin ich einsichtig und verwerfe meine hochtrabenden Pläne vom Montag.

Alles Anfangen ist leicht.

Beenden hingegen … tja … nicht.

Das ist ein Sprichwort, das ich mir ausgedacht habe, aber da ist mir in der zweiten Zeile kein Reimwort eingefallen, und dann hatte ich keine Lust mehr.

Teil sieben, Teil zwei – Teil eins

10. Juli, 10.00 Uhr

Mom ist blöd. So blöd wie ein Blumenkohl. Sie sagt, ich soll nicht nach Berlin fahren zur Harry-Potter-Premiere. Es ist der letzte Teil, Mann. Sie ist so fies. Mom, du bist soooo gemein. Ich hasse dich! Ich will das so doll mit dem Bleistift hinschreiben, dass kein Radiergummi das wieder wegradieren kann. So dolle, dass das Papier kaputtgeht. Ich bin in mein Zimmer gerannt, und jetzt liege ich auf dem Bett. Ich gehe nie, nie wieder runter. Auch nicht, wenn es brennt. Auch nicht, wenn meine Haare schon brennen.

11.30 Uhr

Der Geruch vom Mittagessen zieht durchs Haus. Ich bin mir nicht sicher, ob Mom mich damit locken oder foltern will. Es gibt ihren veganen Mangold-Auflauf. So fällt mir der Hungerstreik leicht. Da kann sie noch so oft »lecker« dazu sagen.

Ich zieh das durch. Hunger ist was für kleine Mädchen. Ich bin zwölf, Mann. Und wenn ich sterbe dabei. Wenn ich den neuen Harry Potter nicht in der Vorpremiere sehen kann, sterbe ich sowieso.

Ich überlege, ob ich mich ein bisschen ritzen soll. An der Stirn. So in Blitzform.

Als ich mit acht angefangen habe, die Harry-Potter-Bücher zu lesen, wollte ich unbedingt in die kleine Kammer unter der Treppe ziehen, aber Mom hat gesagt, da wären Ratten. Mom hat außerdem gesagt, ich könne in der Kammer nur zusammengerollt schlafen, und das wäre nicht gut. Sie ist echt so blöd. Ich bin ihr völlig egal.

Die zeigen in Berlin erst alle Teile von Harry Potter hintereinanderweg und am Ende den letzten Teil. Da MUSS ich dabei sein. Mom versteht nichts. Es ist ja nicht so, dass ich hinwill. Nein, ich MUSS. Es ist wie Zauberei. Es zieht mich magisch an. Obwohl alle Versuche zu zaubern vorher gescheitert sind, probiere ich es erneut. Heute muss es klappen.

12.30 Uhr
Der Besen fliegt nicht. Der Schrubber fliegt nicht. Der Staubsauger fliegt nicht. Der Teppich fliegt nicht. Mom freut sich, dass ich mein Zimmer sauber mache. Ich hasse sie.

13.00 Uhr
Mom und Dad machen das, was sie Mittagsschlaf nennen. Als Mom quiekt, weiß ich, dass ich noch fünf Minuten habe. Ich packe ganz schnell mein Zeug, setze den spitzen Hexenhut auf, nehme Geld aus Dads Portemonnaie und zische ab. Mein Fahrrad fliegt auch nicht. Es fährt nicht mal richtig schnell. Den Berg runter zum Bahnhof kommt es dann auch auf Touren. Wenn ich die Augen schließe, ist es doch wie fliegen. Mom hat mir verboten, mit geschlossenen Augen Fahrrad zu fahren. Sie ätzt echt nur rum. Ich soll wenigstens einen Fahrradhelm über den spitzen Hut ziehen. Als ob das geht. Sie ist so blöd. Nichts darf ich. In meinem Alter haben andere Mädchen schon Mittagsschlaf.

Der Fahrkartenautomat hat irgendeinen Trick, den ich nicht verstehe. Sonst macht Mom das immer. Ich hasse sie. Wieso hat sie mir nie gezeigt, wie das geht? Ich hasse sie. Sie hat es vielleicht vier-, fünf-, sechsmal probiert, mir das zu zeigen, aber genau an den Tagen hatte ich keinen Bock. Ich hasse sie. Sie wollte nur, dass ich hier nicht wegkomme, aus dem blöden Kaff. Spandau ist echt das Letzte. Ich hasse es.

14.00 Uhr
Ich werde schwarzfahren. Das ist Moms Schuld. Weil sie mir keine Monatsmarke kauft. Ich muss zum Kino. Fahrkarten sind eh scheiß Muggelkram.

Harry, Ron, Hermine, ich komme. Nichts kann mich aufhalten.

14.14 Uhr
Dallgow-Döberitz?
Ist das dieser Stadtteil mit den ganzen Ausländern?

14.32 Uhr
Wustermark?
Ich steige lieber aus. Der Bahnhof sieht aus wie verwunschen. Oder heißt das verwahrlost? Dad sagt immer an so Orten, da will er nicht tot über dem Zaun hängen. Hier ist nicht mal ein Zaun. Ich verstehe den Satz eh nicht. Is doch egal, wo man tot überm Zaun hängt. Ich will nirgends tot überm Zaun hängen. Dad is echt so komisch. Na ja, er ist ja auch mit Mom zusammen.
Scheiße! Wustermark. Das klingt nicht nach Berlin. Ich bin bestimmt falsch gefahren. Mom ist echt so ätzend. Wenn sie mich einfach mit dem Auto reingefahren hätte, wäre das nicht passiert. Ich hasse sie. Jetzt regnet's auch noch. Ihretwegen habe ich keinen Schirm mitgenommen, weil sie immer nach dem Mittagsschlaf mit Dad sofort ins Bad rennt. Da hatte ich keine Zeit, alles in Ruhe einzupacken. Ich hasse sie.

Wird fortgesetzt …

Zehnbeinassel

»Keinohrhase« ist ein schönes Wort. »Zweiohrküken« ist auch ein schönes Wort. »Kleinohrelefant« auch und auch »Dreiohrkatze«. Wenn man das Ganze noch auf Pfoten und Schwänze ausdehnt, von keins, minus eins bis fünf … kann Til Schweiger noch unendlich viele Teile drehen. Es müssen natürlich immer niedliche Tiere dabei herauskommen, nicht etwa »Einaugenschabe« oder »Zehnbeinassel«.

Ich habe *Keinohrhasen* damals mit Grischan auf DVD mit dem Laptop gesehen. Wir sind nämlich Keinfernsehermenschen. Ich hatte vor, den Film nicht zu mögen … Ich meine, eine deutsche Komödie … von Til Schweiger… Das hat das Fötong verboten, das gut zu finden! Andererseits meckert das deutsche Fötong auch über das deutsche Fötong.

Zu meiner Überraschung war ich nach dem Film aber froh und sattgenascht am Zucker des einfachen Spaßes mit ein bisschen beigemengten Wahrheiten über das Leben. *Keinohrhasen* ist ein Zweiohrhase unter den Keinohrhasen der deutschen Komödien. Natürlich kein Vergleich mit Loriot, dem alten Tausendohrhasen.

Von der großartigen Band Herr Nilsson gibt es ein Lied, in dessen Refrain es heißt: »Es ist wieder nur ein deutscher Film und er kostet mich dasselbe große Geld.«

Na gut, DVD is nich teuer.

Ich hab gedacht, ich müsse den Film kucken, um mitreden zu können. Da aber die meisten Leute, die ich kenne, gar nicht über Filme von Til Schweiger reden, konnte ich dann doch wieder nicht mitreden.

An dem Abend, als wir den Film sahen, hat unser Kind das erste Mal sechs Stunden am Stück geschlafen. Grischan und ich haben vorm Fernseher gekuschelt, und danach hatten wir sogar noch Zeit, Sex zu haben. Sex … Was ist das? Ach so, das ist das, wo normalerweise sofort das Kind aufwacht. Ich verbinde also emotional einen tollen Abend mit *Keinohrhasen*.

Da ich auch nur wie ein Durchschnittshund pawlowsch empfinde, dachte ich, Kuscheln im Kino mit Leinwandbeleuchtung und *Zweiohrküken* kucken wäre 'ne gute Idee. Auf jeden Fall war es eine gute Idee im Sinne von Til Schweiger. Er ist der Retter des deutschen Kinos und verdient nebenbei zwei Ärsche voll Geld. Er ist der Zweiarschregisseur.

Weil ich eine Weile nicht im Kino gewesen bin, war ich nach den Filmtrailern schon fix und fertig. Kein Film ist so geil wie sein Trailer. Bei Trailern flattern einem die Backen vom Sound und die Pupillen spielen Zirkusarena. Das Herz bummert. Und ich weiß: »Ich muss alle diese Filme sehen!«

Dann beginnt Zwei-Ohren-mehr-als-ein-normales-Küken. Ich weiß nicht. Es sieht einfach nich so fett aus wie amerikanisches Kino. Passend dazu trinkt Grischan Diät-Cola und ich trinke alkoholfreies Bier, denn ich stille ja noch die Kleine, die zu Hause liegt und unter Großmutteraufsicht schläft.

Schon in der ersten Szene, wo es um große Möpse in einem erotischen Traum geht, flüstert hinter uns ein Paar: »Wie bei uns.« Sie kichern.

»Aha«, flüstert mir Grischan zu. »Wollte ich gar nicht wissen.«

Der Film um das ungewöhnliche Paar Anna Gotzlowski und Ludo Decker ist nach dem Erfolgsrezept des ersten Teils gekocht. Man könnte Filmmemory spielen, wenn man die beiden Filme auseinanderschnippeln und die Teile umgedreht auf einen Tisch legen könnte. Besser wäre es aber, »Finde die sieben Unterschiede« zu spielen.

Til Schweigers kleine Tochter spielt wie in Teil eins die niedliche Cheyenne-Blue. Immer noch ist sie das einzige Kind aus der Kindergartengruppe, das allein sprechen kann oder darf. Die anderen Kinder sprechen nur im Chor. Die kleine Cheyenne-Blue sagt Sachen, die Erwachsene drollig finden, auch ganz schön freche Sachen, dudu, Fräulein. Leider hat sie die Quakstimme ihres Vaters geerbt. Familie Keinstimmenfrosch.

Als es um Streitereien wegen Flaschen wegbringen geht, flüstert das Paar hinter uns wieder: »Wie bei uns.«

»Wie können die sich denn die Wohnung leisten?«, krittel ich währenddessen an der Glaubwürdigkeit des Filmes herum und sage zu Grischan: »Du musst auch sofort Kindergärtner werden. Dann sind wir reich.«

Im ersten Teil ist der Aufreißer Ludo Decker noch Klatschjournalist und kann sich meinetwegen so eine Wohnung leisten, aber im zweiten Teil hat er die Ufer gewechselt, weg von der dunklen Macht und hin zu den Guten. Er ist Kindergärtner, trotzdem kann er sich noch diese Wohnung leisten. Da kann ich nur erneut aus dem schon zitierten Lied von Herr Nilsson zitieren: »Diese Wohnung besteht fast nur noch aus Durchbruch.«

»Die können sich die Wohnung leisten, weil die immer Kerzen an haben und so die Heizkosten niedrig halten«, vermutet Grischan.

Die Hauptheldin ist eine typische Kinolegende. Schöne Frau setzt blöde Brille auf und ist dann hässlich. Ich kenne das so ähnlich. Seit ich 'ne Brille habe, denken auf einmal einige Menschen, dass ich 'ne richtig schöne Frau wäre, wenn ich die Brille nicht hätte. Als ich die Brille noch nicht hatte, waren sich viele Menschen sicher, ich wäre noch hässlicher, wenn ich noch dazu 'ne Brille hätte. Ich ziehe allerdings nicht so bizarre Sachen an. Anna Gotzlowski trägt Kleidung so hässlich wie die Nacht, in der Adolf Hitler geboren wurde. Aber auch eine Frau wie sie, die im ersten Teil selbstbewusst in der Film-Society eine Katzenstrickjacke trägt, stellt sich im zweiten Teil als nervige Welche-Schuhe-zum-Kleid-Frau heraus und quält ihren Freund Ludo Decker mit rhetorischen Fragen wie: »Passen die besser oder die? Ach, du magst also die anderen nicht!?« Wir sind wohl alle Welche-Schuhe-zum-Kleid-Frauen. Und wenn nicht Welche-Schuhe-zum-Kleid, dann Welche-Schuhe-zur-Hose oder Welche-Tasche-zur-Mütze.

»Wie bei uns«, flüstert das Paar hinter uns.

Gut, egal, Glaubwürdigkeit ist vielleicht wirklich nur der Krückstock der Fantasielosen. Is ja 'ne Komödie. Ein bisschen Spaß muss sein und außerdem: »Übertreiben macht anschaulich.«

Frauen sind zickig, Männer wollen nur das eine. Nämlich zickige Frauen.

»Das sind doch Klischees«, flüstere ich und will die Männer verteidigen. »Männer wollen nur das eine, is klar, 'ne rasierte Muschi und große Brüste …«

»Das sind ja genau genommen schon zwei Sachen«, sagt Grischan.

»Außerdem müssen sie einen immer verbessern«, flüstere ich dem Klugscheißer zu.

»Das heißt berichtigen.«

»Ja, ja.«

»Wie bei uns«, sagt das Paar hinter uns zu uns.

Kurze Zeit später haben wir endlich die Gelegenheit, dem Paar hinter uns klarzumachen, dass wir anders sind als sie.

Der Film klaut rotzfrech eine gaaaaanz, gaaaaanz alte Legende, eine sogenannte *urban legend*. Nach einem One-Night-Stand geht die Frau morgens arbeiten und lässt den Mann allein in ihrer Wohnung. Der geht nach dem Aufstehen ordentlich aufs Klo und registriert danach mit Entsetzen, dass das Wasser abgestellt ist. Er fischt die Wurst aus dem Klo und tut sie in eine Tüte – wie das Kino dabei grölt, kann man sich ja ausmalen. Grischan und ich verstehen die Aufregung nicht. Wir sind Hundebesitzer und tun jeden Tag draußen in den Parkanlagen der Hauptstadt Würste in Tüten. Im Film geht es in der Kackwurstgeschichte so weiter, dass der Mann die Wohnung verlässt, und als die Tür ins Schloss fällt, durchzuckt ihn die Gewissheit, dass er die Tüte vergessen hat. Uiui, eklig und peinlich.

»Wie bei uns«, flüstert Grischan etwas lauter, und ich lache das erste Mal während des Films richtig herzlich.

Sofasex

Zwei Stunden Sonne reichen mir und Grischan schon. Nur ein ganz klein wenig Licht und schon springen unsere Hormone an. Jetzt laufen wir rum und sind verknallt wie die Teenies, sind aber leider keine mehr. Können also nicht schön im Kinderzimmer knutschen, denn das Kinderzimmer ist jetzt das Zimmer von unserem Kind, und wir passen gar nicht zusammen auf das Bett. In der Woche müssen wir beide arbeiten, und am Wochenende ist die Kleine zu Hause. Klar ist das schön, zu sehen, wie sie aufwächst und das ganze Zeug, aber Sex wäre auch schön. Schon mal notgeile Väter das Geländer an der Rutsche auf dem Spielplatz runterrutschen sehen? Oder notgeile Mütter beim Schaukeln unnatürlich hoch lachen hören?

Es ist ja nicht so, dass wir nur Nachwuchs machen wollen. Die paar Minuten würden sich schon finden. Das Zeugen könnte man – hier finde ich die Redewendung wirklich schön – auf einer Arschbacke absitzen. Oder das könnte man schnell mal aus dem Handgelenk schütteln. Das könnten wir mit links machen.

Aber man will es ja auch mal ein bisschen schön haben. Schön – so mit Zeit. Abends ist einer von uns beiden müde und kann gut stillhalten. Da ist auch schon ’ne Menge möglich. Eigentlich ist das oft sogar besser, als wenn beide aneinander vorbeifummeln und sich weder auf Tempo noch Richtung einigen können – einfach, weil man so aufgeregt ist, dass man mal wieder aufeinandertrifft.

Dann ist das wie Formel 1, aber einer linksrum Nürburgring, der andere rechtsrum Nürburgring. Oder es ist wie tanzen gehen wollen, und einer hat ein Sambaröckchen an, der andere pfeift Tango vor sich hin.

Trotzdem ist es auf Dauer nicht gut fürs Liebesleben, wenn nur einer von beiden wach ist.

Richtigen Sex kann man am Wochenende während der Mittagsschlafzeit des Kindes haben. Da wissen die gegenüber auch Bescheid, wenn man mitten am Tag die Gardinen zuzieht. Die wissen eh viel zu viel.

Fairerweise wissen wir auch viel zu viel über die gegenüber. Grischan sagte letztens, ich solle die Polizei rufen, drüben mache jemand Bewegungen, als würde er eine Knarre laden.

»Nein, der saugt so Staub«, sage ich.

»Aber seine Frau kniet vor ihm«, sagt Grischan.

»Ja, die hat immer einen fusseligen Kragen«, sage ich.

»Aber vielleicht machen die auch was anderes«, glaubt Grischan.

»Nein!«, informiere ich ihn. »Dann machen sie auch die Vorhänge zu. Wenn sie was anderes machen.«

»Woher willst du das denn so genau wissen?«, fragt er.

»Weil die Vorhänge durchsichtig sind.«

Außerdem, mal ehrlich, was gibt es denn für einen anderen Grund, mitten am Tag die Vorhänge für eine Stunde zu schließen? Fotos entwickeln? Die Fledermaus füttern? Die neuen phosphorisierenden Pilze ausprobieren?

»Is doch egal«, beschließt Grischan und zieht die Vorhänge zu.

»Ich kann so nicht«, sage ich, »wenn die drüben genau wissen, was wir machen.«

»Also Vorhänge wieder auf?«, fragt er. »Dann wissen sie wenigstens ganz genau, was wir machen.«

Ich schüttele den Kopf. »Kuck mal, ich habe einen Diaprojektor gekauft, der kann einen Film auf den Vorhang werfen. Das sieht man von der anderen Seite. Da denken sie, dass wir nur einen Film kucken. Geil, oder?«

»Geil«, sagt Grischan, »ist was anderes«, und geleitet mich entschieden und galant zum Sofa, unserer Insel der Leidenschaft inmitten einer Wohnung voller klebriger Bälle und zerrissener Bücher. Mit Augen voller Eroberungswillen fummeln wir uns gegenseitig aus der Bekleidung.

»Schatz, du riechst irgendwie verboten.«

»Nee, da liegt 'ne volle Windel neben deinem Kopf.«

Das scheint ihn aber nicht gestört zu haben. Er hat eine feine Erektion, hart wie … Es ist die Holzeisenbahn der Tochter.

Wir werfen sie lachend vom Bett. So leicht sind wir nicht aus der Stimmung zu bringen.

»Sind deine Brüste gewachsen?«

»Nein, das ist Lottes Stoffball.«

»Aber dein Arsch ist schön prall.«

»Das ist der Kopf von Lottes Püppi.«

Lottes Püppi ist wie immer nackt. Sie liegt unter mir. Mit ihrem leicht geöffneten erstaunten Mund. Die Beine so nach hinten gebogen, dass es beim Hinsehen wehtut. Diese freundlichen blauen Augen.

»Ich weiß nicht«, sagt Grischan, »jetzt will ich irgendwie nicht mehr.«

Wir machen eine kleine Pause und räumen erst mal das Sofa frei.

»Geht's wieder?«, frage ich sensibel.

Wir versuchen es einfach. Zu meiner Überraschung geht es sogar sehr gut, also für ihn. Mir geht es doch ein bisschen zu schnell, dass er einfach beim Fummeln an meine Rippen abspritzt. Ach so, er hat sich auf die Salbe mit der Kindercreme gekniet. Wir lachen, und danach klappt es endlich. Es ist doch wie bei Teenies. Wir dürfen nicht so laut sein. Früher schliefen die Eltern nebenan, jetzt sind wir die Eltern, und das Kind schläft nebenan.

Als wir total entspannt auf dem Sofa liegen, sehe ich, welchen Film der Diaprojektor abspielt. Eine heftige Liebesszene aus einem Film mit heftigen Liebesszenen.

»Na toll, jetzt denken die gegenüber, dass wir Sex hatten.«

»Hatten wir ja auch«, sagt Grischan.

»Ja, aber nicht so«, sage ich und zeige auf den Film auf dem Vorhang. Fünf Körper in Uniformen der römischen Legionäre robben übereinander, Pfauenfedern im Anus. Ich bin ganz verzweifelt. »Jetzt müssen wir vorspulen, damit sie sehen, dass es ein Film ist«, sage ich. »Dann denken sie, dass wir ganz schnell Schweinkram machen.« Grischan lacht.

»Ich habe eine Idee«, rufe ich. »Wir machen einfach den Vorhang auf, dann sehen sie ja, dass das eine Projektion war.«

Gesagt, getan. Schneller, als Grischan sagen kann: »Aber zieh dir vorner was an!«

Ist sowieso egal. Gegenüber sind überall die Vorhänge zugezogen.

Teil sieben, Teil zwei – Teil zwei

15.52 Uhr
Wustermark.

Langsam sammeln sich die Krähen auf dem Bahnsteig. Sie schauen mich ganz hungrig an.

Ich habe auch total Hunger. Warum hat mir Mom nichts zu essen eingepackt? Sie scheißt total auf mich. Ständig klingelt das Handy. Mom! Sie nervt so! Ich weiß nicht, warum sie behauptet, ICH würde nerven. Ich mach doch gar nichts.

Gott sei Dank kommt ein Zug. Ich steige ein.

Im Zug sind Fußballfans. Ich werde nie verstehen, warum man sich wegen so einer unnötigen Angelegenheit wie Fußball so aufregen kann.

Bald bin ich in Berlin, und dann kann ich endlich, endlich, endlich den letzten Teil vom letzten Teil sehen. Ich habe auch alle Bücher noch einmal gelesen. Wieso gibt es kein Schulfach »Harry Potter«? Ich hätte nur Einsen.

Mom schickt SMS, dass ich mich melden soll, weil sie sich Sorgen macht. Ich hasse sie. Immer tut sie so, als ob sie sich Sorgen macht.

16.25 Uhr
Ich bin tatsächlich am Alexanderplatz. Fast hätte mich eine Straßenbahn überfahren. Ich hasse sie.

Die dunklen Mächte versuchen mich aufzuhalten. Aber jetzt kann mich nichts mehr aufhalten.

16.45 Uhr
Es gibt keine Karten mehr.

Mom ist sooo scheiße.

Ich weine. Auf dem Alexanderplatz ist nicht mal ein Bett, auf das ich mich werfen kann. Nicht mal eine Zimmertür ist hier, die ich zuknallen kann.

17.30 Uhr

Um acht soll es anfangen. Ich kann es nicht glauben, dass ich hier draußen stehen soll, während drinnen der wichtigste Tag meines Lebens ist.

Ich will sterben. Mir ist alles egal. Seit Justin Bieber sich die Haare abgeschnitten hat, hatte ich nur noch Harry Potter. Und jetzt so was.

Überall vor dem Kino sammeln sich Hexen und Zauberer. Viele mit ihren Eltern. Ich hasse Mom so. Die eine Mutter hat sich sogar auch verkleidet. Das ist sooo cool!

»Das ist so peinlich. Nimm den Hut ab«, sagt die kleine Hexe zu ihrer Mutter. »Ich hasse dich!«

Die Mutter nimmt den Hut ab.

Die Hexe rollt mit den Augen. »Musst du echt mit reinkommen?«

»Na was sollen wir denn jetzt mit der Karte machen, Schnecke?«

»Ich hasse dich!«, sagt das Mädchen und rennt weg.

»Hier, ich«, sage ich. »Ich könnte Ihnen die Karte abnehmen.«

19.04 Uhr

Ich habe eine Karte. Ich habe eine Karte. Ich habe eine Karte. Mein Herz schlägt vor Freude so laut, dass ich meine eigenen Worte nicht verstehe, als ich Popcorn kaufe.

Ich sage, dass ich sieben Tüten Popcorn möchte. Der junge Mann verkauft mir also sieben Tüten Popcorn und sagt mir DANACH erst, dass aber zwischen den Filmen Pause ist. Ich hasse ihn.

19.20 Uhr

Ich sitze. Ich sitze. Ich sitze.

Neben mir sitzt die kleine Hexe. Sie fragt, wo ihre Mutter ist. Als ich ihr sage, dass die mir ihre Karte geschenkt hat, flucht die kleine Hexe, dass sie nicht weiß, wie ihre Mom sie so verraten kann.

Der Film fängt an.

Vor mir sitzen lauter Leute mit spitzen Hüten. Ich kann gar nichts sehen.

Als ich ein bisschen Popcorn essen will, werde ich von überall angezischt. Na super. Jetzt sitze ich hier mit dem ganzen Popcorn und kann es gar nicht essen. Ich hasse es.

Den ersten Film kann ich mitsprechen. Ich habe ihn bestimmt 100 Mal gesehen. Ich bin so aufgeregt.

Den zweiten Film kann ich auch mitsprechen. Ich habe ihn bestimmt 90 Mal gesehen. Ich bin immer noch so aufgeregt.

Den dritten Film kann ich nicht ganz mitsprechen, aber ich werde immer aufgeregter. Harry ist so süß. Für den würde ich alles machen, auch so Sachen, wo man sich danach untenrum waschen muss.

23.07 Uhr

Es ist irgendwann nachts. Weiß nicht. Ein paar Kinder sind gegangen. Sie sagen, sie kommen morgen früh wieder. Verräter! Ist ihnen denn Schlaf wichtiger als Harry?

Zweimal kommen Leute mit Taschenlampen rein, leuchten die Reihen durch und dann wird ein schreiendes Kind rausgezogen und seiner Mutter übergeben. Ich hoffe, Mom kommt nicht. Echt, ich sterbe, wenn sie herkommt. Ich sterbe.

Film sechs

Ich habe Popcorn in meinen spitzen Hut gebrochen. Eigentlich sieht es fast genauso aus wie vorher. Ich kann doch zaubern.

Film sieben, Teil eins

Ich bin sehr müde. Ich habe Halluzinationen. Harry Potter redet mit mir. Er sagt, ich solle schlafen. Ich kämpfe dagegen an. Er ist von der dunklen Macht besessen. Dann kommt eine Reinigungskraft auf einem Besen hereingeflogen.

Danach

Ich wache beim Abspann auf, als die kleine Hexe mich anstößt.

Ich habe den letzten Teil verschlafen. Ich kann es nicht fassen. Mein Leben hat keinen Sinn mehr. Warum war Mom nicht hier und hat nach mir gesucht? Dann wäre ich nicht eingeschlafen. Ich hasse sie. Wieso versteht sie mich nicht? Als ob sie aus einer Mom-Welt kommt und ich aus einer Tochter-Welt.

Mom steht draußen vor dem Kino und sagt, dass sie mich den Film erst zu Ende sehen lassen wollte. Sie ist echt komisch. Na ja, sie ist ja auch mit Dad zusammen. Eigentlich hätten die beiden ein total komisches Kind kriegen müssen.

Ich bin zwei Supermodels

Wo ist die Schlumperhose? Na, wo ist denn die Schlumperhose? Schlumpert sie nachts allein in der Wohnung herum? Putt, putt, putt. Schlumperhosi!

»Weißt du, wo meine Schlumperhose ist?«, frage ich Grischan.

»Welche meinst du denn?«, fragt er zurück.

»Die graue mit den Beulen und Löchern«, sage ich. »Die ein bisschen riecht. Also, nicht schlimm stinkt. Nur müffelt. Die nach zu Hause und Gemütlichkeit riecht.«

»Das ist doch meine«, sagt er.

»Nicht deine. Du hast eine schwarze mit Beulen und Löchern. – Die riecht ganz anders als meine. – Viel schlimmer. Also, viel doller nach Gemütlichkeit.«

Grischan kratzt sich am Kopf. Dann sagt er, dass er so eine Hose an mir noch nie gesehen habe. Noch nie! Ich trage doch stets schöne Kleider oder enge Jeans.

Meine Schlumperhose ist eine Zauberhose. Deshalb ist sie auch so schwer zu finden. Ziehe ich die Schlumperhose an, verschwinde ich. Für Grischan werde ich komplett unsichtbar. Das ist gut so. Ich will ja meine Ruhe.

Grischan hat auch so eine Hose. Die hat ein Loch im Schritt. Wenn er die anhat, kann ich ihn nicht sehen. Ich sehe eine Erhebung auf dem Sofa. Die Erhebung ist für mich nur insofern von Bedeutung, als dass ich mich da nicht hinsetze.

Wir könnten auch zueinander sagen: »Lass mich in Ruhe!«, aber die Schlumperhose anzuziehen ist weniger abweisend und funktioniert viel besser. Der andere bekommt gar nicht mit, dass man »Lass mich in Ruhe!« gesagt hat. Der andere denkt, er würde einen von ganz allein in Ruhe lassen.

Ach, da ist sie ja, die Schlumperhose. Der kleine Ausreißer hat versucht, heimlich Richtung Waschmaschine zu krabbeln. Komm her! Ich brauch dich!

Ich will *Germany's Next Topmodel* ansehen. Dazu muss ich die Schlumperhose anhaben. Aus Protest. Eine politische Schlumperhose sozusagen. Eine, mit der ich mich gegen dieses überdrehte Schönheitsideal wehren will. WEHREN MUSS! Ich werde vom Sofa aus die Welt verbessern, nur durch unattraktives Sitzen in Schlumperhose! Das mache ich, bis es eine ironische Sendung gibt namens *Germany's Next Schlumperhose*, in der normale Frauen normale Dinge tun dürfen (Zeitung lesen, Fahrrad fahren, Radieschen waschen, Pfandflaschen wegbringen, einem Kind erklären, warum es Zähne putzen muss, Haare in einem Waschbecken waschen, Kinokarten am Telefon vorbestellen). Am Ende der Sendung teilt man allen normalen Frauen mit, dass sie genau so, wie sie sind, sehr liebenswert und wertvoll sind und genau so bleiben können!

Bis dieser Traum wahr wird, muss ich natürlich noch oft in meiner Schlumperhose diese Sendung ansehen. Und mich dabei sehr konzentrieren.

Ich sehe die Sendung immer im Internet. Da kann man die Werbung ausblenden. Im Fernsehen kann ich mir das nicht ansehen. Wenn in den Werbepausen abwechselnd Schokolade, Schuhe und Schminke beworben werden, zerreiß ich vor Wut unschuldige Luft in der Luft. Die Sendung ist eine Maschine, in die man vorne junge, normale Menschen reinsteckt, und hinten kommen blöde Kotzzombies raus.

Grischan kuckt im Fernseher was anderes. Bei ihm wird immer geschossen und laut gestorben. Noch nie gab es in seinen Filmen ein langsames Auto oder einen Dialog, bei dem man nicht genau wusste, was die Gesprächspartner meinen.

Ich habe Kopfhörer auf. Und das ist mir auch ganz wichtig in unserer Beziehung. Dass ich zum Beispiel auf dem kleinen Ende des Sofas sitze, um sagen zu können: Kuck, wie wenig Platz ich wegnehme. Und dass ich mit den Kopfhörern *Germany's Next Topmodel* kucke, um zu zeigen: Kuck, wie rücksichtsvoll ich bin. Um dann aber irgendwann mal hinter meiner kleinen Laptopdeckung hervor zu sagen: »Süßer, haben die den jetzt gerade erschossen?«

Grischan zuckt zusammen, als wäre er erschossen worden.

Ich ermögliche ihm perfektes Erlebnisfernsehen.

»Mann, erschreck mich doch nicht so!«

»Na, entschuldige mal«, sage ich. »Ich sitze hier extra auf der kurzen Sofaseite, nehm den ollen kleinen Laptop und setze mir Kopfhörer auf … was soll ich denn noch machen?«

Dann warte ich fünf Minuten und sage: »Kann der sich nicht mal das Blut abwaschen?«

Grischan zuckt wieder zusammen.

Diese kleine Spielerei ist nur möglich, weil *Germany's Next Topmodel* nicht meine volle Aufmerksamkeit benötigt. Ich denke gar nichts, wenn ich das ansehe. Fast nichts.

Eigentlich ist es so ähnlich wie Meditieren, aber mit Augen auf und Fernseher an.

Mein Bruder hat jahrelang auf den Satz meditiert: Die Stille ist ein Geräusch.

Ich meditiere zu: Ja, die ist hübsch, aber sehr dünn; die aber auch, aber noch dünner; ja, die aber auch, aber ganz schön dünn. Die ist ja hübsch; die aber auch. Alter, Beine wie Heizungsrohre! Hat die Achselhaare? Was ist das da an der dran? Ach, das sind die Arme. Oh!

Wenn die im Fernsehen so dünn sind, müssen die in echt noch viel, viel dünner sein. Ich weiß das, denn ich war schon mal im Fernsehen. Da sah ich aus, als bestünde ich hauptsächlich aus Oberschenkeln. Oberschenkel, die aussehen, als könnte ich heute aufhören zu essen und würde erst in fünf Wochen Hunger kriegen. Perfekt geformte Vorkriegsoberschenkel.

Die durchschnittlichen Körpermaße dieser Mädchen sind übrigens 86, 66, 93 – und das auf durchschnittlich 1,78 Körpergröße. Ich muss zu Hause lange nach etwas suchen, das den Umfang von 66 Zentimetern hat. Sogar meine kleinen Sofakissen sind dicker.

Ich lache ausgelassen. Am Ende finde ich etwas, das 60 Zentimeter Umfang hat. Meine Oberschenkel. Ich lache noch ausgelassener. Ich hab also zweimal Traummaße. Okay, an der falschen Stelle, aber egal.

Ich steh auf zwei Supermodels.

Was mein Meditieren vom richtigen Meditieren unterscheidet: Man fühlt sich danach schlechter als vorher. Dicker und älter. Himmel, ich bin 36, ich könnte deren Mutter sein. Von allen, wenn ich einmal Drillinge und einmal Siebenlinge bekommen hätte. Meine theoretische Tochter könnte bei *Gemany's Next Topmodel* mitmachen, also theoretisch. Wenn ich sie ließe.

Würde ich natürlich nicht. Ich würde sagen: Du machst dich da nicht zum Gemüse. Die wollen, dass du dich ausziehst und heulst. Das ist ganz großer Dreck! Glaub mir das, ich sehe das seit zehn Jahren.

Germany's Next Topmodel – ich habe früher jede Staffel verpasst und nichts im Leben vermisst. Jetzt habe ich angefangen, es zu glotzen, und vermute, ich werde auch nichts vermissen, wenn es wieder vorbei ist.

Wenn man die Sendung im Fernsehen ansieht, bekommt man vor der Werbepause noch eine Gewinnfrage gestellt. Zum Beispiel: Was ist das Ziel eines Shootings?

Antwort: Das perfekte F O _ O.

Ich seh sie da sitzen, die unterernährten, an Anämie leidenden Mädchen, und murmeln: Fomo. Fowo. Foso. Fobo, Folo, Fopo, Foho.

Angeblich lieben übrigens sogar Affen Fotos von attraktiven Affen oder von ranghöheren Affen aus ihrer Herde. Das macht sie glücklich, die Fotos anzusehen. Vor die Wahl gestellt, ob sie eine Banane haben wollten oder ein Foto vom attraktiven Silberrücken der eigenen Herde, entschieden sie sich für das Foto.

Ich frage mich, warum ich nasche, während ich mir attraktive junge Affen ansehe. Das ist eben noch geiler!

»Sexistische Kackscheiße!«, rufe ich. Klatsche dreimal in die Hände, rufe es noch mal.

Grischan sieht mich verwirrt an. »Das sieht wirklich nicht gut aus«, sage ich mit Heidi-Klum-Stimme. »Das hat keinen Sex, keine Eleganz!«, sage ich zu ihm. »Für dich habe ich deshalb heute leider kein Fobo, äh Folo, verdammt, wie heißt das noch mal? Hihihi.«

Grischan bittet mich, damit aufzuhören. Er könne die Schüsse in seinem Film nicht hören.

»Nur noch eine Frage, ja?«

»Okay«, brummt er.

»Was ist das Ziel eines Shootings?«, frage ich meinen Kerl.

»Dass der andere danach tot ist«, sagt er.

Ich lache ausgelassen. Meine Oberschenkel wackeln dabei vor Glück. Glücksfleisch ist das.

Erdbeermützendieb

Ein Aushang im Kindergarten »Regenbogen«.

Liebe Regenbogeneltern!

Tieftraurig mussten wir gestern Nachmittag feststellen, dass unsere Tochter in einen Kindergarten geht, in dem sich ein gottverdammter Drecksdieb herumtreibt. (Nicht in dem Sinne, dass der Dieb Dreck stiehlt, sondern einfach als Schimpfwort. :))

Sie alle haben schon einmal die lustige Erdbeermütze unserer Tochter Juli gesehen, und jedem bereitete es eine kleine Freude, das kleine Mädchen mit der gestrickten Erdbeere auf dem kleinen Kopf zu erblicken und sehr geistreich zu sagen: »Du siehst ja aus wie eine Erdbeere.«

Falls Sie dachten, das wäre ein origineller Kommentar, muss ich Sie leider enttäuschen. Jetzt, wo sich das Misstrauen in unsere Reihen geschlichen hat, fällt es mir leicht, das Deckmäntelchen der guten Kinderstube exhibitionistisch zu öffnen und Ihnen die darunterliegende nackte Wahrheit mitzuteilen. Auch die Penner, die in der Kälteunterkunft der Stadtmission nächtigen und die wir morgens treffen, wenn sie sich vor der Stadtmission eine Hose über die andere ziehen, sagten immer dasselbe. »Du siehst ja aus wie eine Erdbeere.« Sie strahlten über das ganze verlebte Gesicht, und ihr Tag war nun nicht mehr ganz so schlimm.

Doch mit dieser Art Freude ist es nun vorbei.

Ein schäbiger Drecksdieb hat sie genommen. Verstehen Sie mich nicht falsch: Ich möchte Sie nicht beschuldigen! Ich beschuldige Ihre Kinder! Nein, dass Sie die Mütze nicht genommen haben, kann ich mir denken, denn Sie können ja denken. Jeder kennt Julis Mütze. Sie können sie also gar nicht Ihrem Kind anziehen. Was sollten Sie also mit der gestohlenen Mütze? Anders ein Kind. Ein Kind will nur die Mütze haben. Verstehen Sie mich nicht falsch. Sicherlich sind Ihre Kinder nicht dumm, aber klug eben auch nicht. :)

Des Weiteren beschuldige ich auch nicht direkt Ihr Kind, ich beschuldige nur das Kind, welches die Mütze geklaut hat.

Bitte befragen Sie also zu Hause Ihre Kinder, ob ihnen am Montag etwas aufgefallen ist. Zum Beispiel eine Erdbeermütze auf dem eigenen Kopf. Und bitte seien Sie so freundlich und glauben Sie Ihrem Kind nicht. Die sagen ja viel, wenn der Tag lang ist. Sie halten Ja und Nein für so etwas Ähnliches wie mit oder ohne Streusel, einfach ein kleiner, zu vernachlässigender Unterschied. Na, Sie wissen schon. :)

Bitte lassen Sie uns zusammenarbeiten, um diesen Fall aufzuklären und den Dieb zu finden, ihn bloßzustellen und öffentlich zu richten. So könnten Sie zum Beispiel Ihren Kindern komplizierte Fangfragen stellen. Bist du der Meinung, dass niemand anderes als du es nicht getan hat, nicht die Mütze zu stehlen?

Wenn das Kind nun zu lange nachdenkt, haben wir es schon fast überführt. Sie werden sehen, wie Ihr Kind nun ins Schlingern kommt.

Sollten Sie das Gefühl haben, Ihr Kind möchte ein anderes Kind decken, weil es meint, dass diese Art frühe Freundschaft etwas wert sei, dann überlegen Sie bitte, ob Sie selbst sich auch nur an einen einzigen Freund aus jener Zeit erinnern können. Nein. Woran liegt das wohl? Es gibt zu dieser Zeit keine Freundschaft, die nicht an einem Bauklotz zerbrechen könnte. Sie ist nutzloser Tand auf dem Weg zum Menschsein.

Schärfen Sie Ihrem Kind bitte unmissverständlich die Konsequenzen seines Verhaltens ein. Die Juli muss nämlich den ganzen Herbst und Winter ohne Mütze herumlaufen und wird ganz schrecklich krank. Wenn Ihr Kind nicht selbst die Mütze genommen hat, so ist es nach Ihrer Belehrung mit schuld, wenn Julis kleine Ohren gefrieren und abbrechen. Sie könnten zu Demonstrationszwecken einer Puppe die Ohren entfernen. Wenn auch das keine Wirkung zeigt, könnten Sie Ihr Kind in den Kühlschrank sperren. (Wir würden dasselbe für Sie tun. :))

Verstehen Sie mich nicht falsch, wir wollen Sie nicht zu unangemessener Härte aufrufen. Nein, wir wollen Sie lediglich zu angemessener Härte aufrufen. Sie wollen doch auch nicht, dass Ihr Kind in so frühen Jahren das Gefühl erfährt, für eine solche Tat nicht bestraft zu werden. Was richtet das an mit dem kleinen Menschen? Er wird sich motiviert sehen, weiter zu stehlen, zu huren und zu brandschatzen. Und ich übertreibe nicht, wenn ich sage, dass solch ein Verhalten nicht zu einem Regenbogenkind passt. Wir müssten die Gruppe umbenennen. In »Drecks-Hagel-Gruppe«.

Und dann klebt ein Zettel unten an unserer wunderbaren Kindertagesstätte: »Wegen Zerstörung geschlossen. Wir bitten um Ihr Verständnis.« Und dann, das können Sie sich selbst ausmalen, dann sind die Kinder zu Hause. Bei Ihnen zu Hause. Den ganzen Tag. Und Sie können nicht arbeiten und auch sonst nichts.

Also lassen Sie uns ein für alle Mal ein Exempel statuieren. Wir müssen ja nicht die ganze Hand abhacken. Wenn Ihre Befragungen (Androhung von Schlägen oder richtige Schläge) nichts ergeben, so habe ich Ihnen die Kopie eines Videos in Ihr Fach gelegt. Unter die Schlafsachen und Schnuller. Auf dem Video weint unsere Tochter Juli ganz bitterlich. (Unter uns, sie weint nicht wegen der Erdbeermütze, aber das müssen Sie Ihrem kleinen Dieb ja nicht sagen. Soll er sich ruhig schuldig fühlen, wenn er schuldig ist.)

Geben Sie sich nicht damit zufrieden, dass Ihr Kind vorgibt, nichts gesehen zu haben. Was soll es auch sonst sagen? Würden Sie denn einfach so zu uns kommen und gestehen, wenn Sie die Mütze genommen hätten?

Nichts für ungut. Legen Sie dezent die Mütze zurück, und den Kuscheltieren Ihrer Kinder wird nichts passieren.

Ich freue mich auf die nächste Woche. :)

Nuffelmutti87

Es regnet. Nuffelmutti87 steht am Briefkasten. Der Briefkasten vorm Haus ist an einer stark befahrenen Fernfahrerstrecke zwischen einer Fabrik für Hundefutter und einem Tierheim.

Nuffelmutti87 wird von den vorbeifahrenden LKW nass gespritzt. Sie bleibt stehen. Auch das Postauto fährt an ihr vorbei. Nuffelmutti87 weint. Doch im Regen kann man die Tränen nicht sehen.

Jetzt beginnt es zu hageln. Aus dem Haus dringen schrille Schreie. »Mama, Mama.« Ein etwas zweijähriges Kind. »Mama, mir ist so kalt.«

Nuffelmutti87 schüttelt traurig den Kopf. Was für eine Welt!

»Ernst Theophil, wickel dich in die Zeitung! Die Jacke ist noch nicht angekommen! Mama bleibt hier und wartet.«

Ich erwache schreiend. Vom wirren Traum geschwächt, robbe ich schnell zum Schreibtisch und fahre den Laptop hoch. Da, wieder eine E-Mail. Nuffelmutti87. »Auch heute keine Sendung«, schreibt sie.

Es ist Sonntag. Sonntags bekommt niemand Post in Deutschland. Ich schreibe ihr das. Sie schreibt nicht zurück.

Sie macht mich fertig. Seit vier Tagen schreibt sie mir jeden Tag. Vor zwei Tagen habe ich die kleine Jacke in das kleine Briefkuvert gesteckt und kleine Klammerchen durch das Kuvert gezwackt. Ich habe ihre Adresse draufgeschrieben. Sanne Weihnachtsmann, In den grünen Tannauen 1, Am Oberulm, Landkreis Großüberreagier. Dann habe ich »Warensendung« draufgeschrieben und ab ging die Post.

Ab dem Tag, wo Nuffelmutti87 das kleine graue Jäckchen für 1,50 ersteigerte, schrieb sie mir jeden Tag. Sie habe überwiesen. Ich solle bitte den Empfang des Geldes bestätigen. Ob das Geld drauf sei?

Ob das Geld drauf sei? Das Geld müsse doch jetzt drauf sein.

Ich antwortete jedes Mal freundlich.

Als das Geld auf meinem Konto war, bestätigte ich den Erhalt der 1,50 plus 2,40 Versand.

Dann fragte sie, ob ich abgeschickt habe, und einen Tag später schickte ich ab. Zusammen mit anderen eBay-Päckchen. Ich hatte mich für einen Warenversand entschieden. Das kostete nur 1,90.

Einen Tag später fragte sie, wann GENAU ich die Jacke abgeschickt habe.

Am nächsten Tag teilte sie mir mit, dass die Jacke noch nicht da sei.

Am übernächsten Tag fragte sie noch einmal, warum das so lange dauere. Ein Päckchen würde doch nur ein bis zwei Tage dauern.

Ich habe allerdings das Jäckchen als Warensendung verschickt, schreibe ich. Das mache ich so, wenn ich mir nicht sicher bin, ob ich es für 1,90 verschickt bekomme. Dann schreibe ich 2,40 und überweise zurück.

Ab da bricht es aus ihr heraus. All die Enttäuschungen aus all den 27 Jahren, die sie nun auf ihrem Buckel hat: der Frust einer schwierigen Geburt in Steißlage, das ganze hässliche Sabbern in den ersten Lebensjahren wegen der dreiseitigen Hasenscharte, die angeekelten Gesichter selbst naher Verwandter bei dem wimmernden Versuch, sie zu küssen, die ewig in Herzhöhe nass gesabberten Hemdchen, unter denen sich das kleine Herz verkühlte, die harten Kanten an den Tischen im nicht kindgerecht eingerichteten Kindergarten, die schlechten Noten in Nadelarbeit, bedingt durch die falsch herum angewachsenen Hände, der Junge, der nicht bereit war für sage und schreibe 5000 Mark, die der Onkel hatte springen lassen, mit Sanne Weihnachtsmann zum Abschlussball zu gehen. Die teure künstliche Befruchtung, die harte mehrwöchige Geburt von Ernst Theophil.

Und nach all dem dann noch diese Frau bei eBay, die eine Jacke für 1,50 nicht wie abgemacht im versicherten Versand für 2,40, sondern im unversicherten Warenversand für 1,90 verschickte.

Nuffelmutti87 schrieb, dass sei eine arg hinterlistige Täuschung von mir.

Sie hatte mich durchschaut. Seit Jahren plante ich diesen Coup. Einmal bei eBay 50 Cent erschleichen und dann nach Saint-Tropez abhauen, dort ein Schloss bauen lassen und mit den restlichen drei Cent in einer goldenen Badewanne baden.

Nuffelmutti87 weint seit diesem Tag eigentlich durchgängig. Was für eine Welt! So ein armes, kleines Kind ohne Jacke zu lassen. Ihre letzten 50 Cent hat sie dafür gegeben, dass das Herbstjäckchen versichert ist, denn wenn es in den Wirren der Post wegkäme – nicht auszudenken.

Ich schreibe, dass ich alles zurücküberweise, die 1,50 und die 2,40 Versand, wenn das Jäckchen nicht ankommt, und dass ich die 50 Cent zurücküberweise, wenn das Jäckchen endlich ankommt.

Alles wird gut, schreibe ich in Großbuchstaben.

Die Frau windet sich wie ein Wurm, den man mit Zitronensäure beträufelt hat.

»Alles wird gut« ist am Oberulm verboten. Das sagt man nicht. Dafür bekommen kleine Kinder aufs Mündchen gepatscht. Nichts wird gut. So heißt das hier. Hier ist alles anders. »Oh nein, oh nein, der Herbst ist da«, singen die Kinder, »Bruder Jakob, Bruder Jakob, bist du schon tot?« Und all die anderen Lieder. Und nicht zu vergessen: »Kommt kein Vogel geflogen, setzt sich nicht nieder auf mein' Fuß, hat kein' Zettel im Schnabel, von der Mutter keinen Gruß.«

Der Ort, aus dem sie kommen, ist ein besonderer Ort. Auf dem Rahmenplan stehen andere Fächer. Geiz, Verzweiflung, Krümelkackerei, Waschen, Bügeln, Versicherungen, E-Mailen, Ungeduld, Weinen, Stricken, Religion, Geschlechtsverkehr abwenden und untenrum zuwachsen.

Diese arme Mutter, diese armearme Mutter. Und deren Mutter hatte ihr noch gesagt: Kauf nicht bei Leuten aus Berlin. Die sind ganz anders als wir. Die wollen alles nicht engstirnig sehen. Die wollen das nicht wichtig finden, was wir wichtig finden. Die wollen sich nicht streiten.

Bevor ich vorschnell urteile, recherchiere ich ein bisschen zu Am Oberulm, Landkreis Großüberreagier.

Bei Wikipedia steht, dass es einen besonderen Brauch im gesamten Raum von Großüberreagier gibt. Der Brauch heißt »Herbstjäckchen kaufen«. Es gilt bei diesem Brauch für die Sünden der Vorfahren zu büßen. Also, vor allem die Kinder sollen büßen. Dazu bestellt man im zweiten Herbst des ersten Kindes ein billiges Jäckchen bei eBay, am besten als Warenversand, denn das dauert ewig, bis es ankommt. Ab der Bestellung legt man das Kind nackt auf den kalten Fußboden im Bad und wartet nun draußen am Briefkasten auf die Bestellung. Dort hat man zu weinen und zu kreischen. Einmal am Tag gehe man aber ins Haus und frage den Verkäufer des Herbstjäckchens irgendetwas. Die Zeit der Gängelei beginnt, denn auch der Verkäufer soll büßen für die Sünden seiner Vorfahren. Das Warten macht angeblich frommer, das Gängeln bringt alles Schlechte aus den Bewohnern des Kreises Großüberreagier raus zu jemand anderem hin.

Das Kind soll im Übrigen so lange nackt bleiben, bis das Herbstjäckchen da ist. Nur so lernt es Werte. Es soll warm von kalt unterscheiden lernen. Arm von reich. Wenn man dem Kind das Jäckchen dann anzieht, so habe man zu sagen: So merk es dir und tue dies in aller Liebe auch deinem Kinde. Dann bewerte man den eBay-Verkäufer übelst schlecht und kratze sich an einer Warze.

In dieser Nacht träume ich davon, wie überall in Am Oberulm die Mütter an den Briefkästen stehen, bei Sturm und Nebel, trotz Hunger und vollen Darmes. Aus den Häusern das Weinen der Kinder.

Am nächsten Morgen wieder eine E-Mail. Die Jacke sei noch nicht da. Es ist der 3. Oktober. Feiertag in ganz Deutschland. Niemand bekommt Post.

Ich antworte nicht.

Ich reibe meine 50 Cent blank und kichere.

Alle sind für den Ball

Meine Tochter erzählt, dass die anderen in ihrer Kita alle am Vortag Fußball ansehen durften. Alle!

Ich spare mir den Satz: »Und wenn alle aus dem Fenster springen, springst du dann auch?«

Jetzt mal GANZ, GANZ ehrlich: Wenn alle aus dem Fenster springen, dann brennt die Schule vielleicht und man sollte auf jeden Fall auch aus dem Fenster springen.

Und wenn man jung ist und alle springen aus dem Fenster, weil es cool ist, bitte, auch dann sollte man aus dem Fenster springen, sonst bleibt man als einziger uncooler Depp zurück.

»Wirklich alle haben Fußball gesehen?«, frage ich die Tochter, einen vierjährigen Dreikäsehoch.

»Alle, sogar der Hausmeister«, sagt sie. Gestern habe nämlich ganz Deutschland gespielt. »Hast du das gewusst, Mama?«

Also darf sie Fußball mit mir sehen, die erste Halbzeit. Ich denke sowieso, dass sie schnell das Interesse verlieren wird, aber wie es aussieht, wächst da ein Fußballfan ran, oder ein Fernsehfan. Ich werde mal zur Probe eine Kochsendung mit ihr anschauen, mal sehen, ob sie da auch so voller Neugierde und Fragen ist.

»Mama, wer sind die Braunen?«

Bei einer Kochsendung wäre jetzt die Antwort: »Die Braunen sind Kartoffeln, mein Kind.«

Beim Fußball ist die Antwort: »Die Braunen sind rot.« Der Fernseher ist uralt. Mein Ex hat ihn von seiner Mutter geerbt, die nichts anderes zu vererben hatte, weil sie sich kurz vor ihrem Tod diesen wahnsinnig teuren Fernseher gekauft hat. Der ist so groß, dass mein Kind am Anfang natürlich dachte, dass all die Figuren und Menschen aus den Kindersendungen im Fernseher wohnen. Reinpassen würden sie ja.

»Kuck mal hin, das ist rot.«

»Und wer sind die Roten?«

Bei einer Kochsendung könnte die Antwort sein: »Die Roten sind die Tomaten.«

Ich sage: »Die Roten sind die Belgier.«

»Und wer sind die Weißen?«

»Die Weißen sind die Algerier.«

»Wo ist Algerien?«

»In Afrika, Maus.«

»Wow!«, ruft sie, einfach weil sie das ohnehin gerne ruft. »Die Weißen sind also aus Afrika.«

Erst kommt mir der Satz komisch vor, dann sage ich völlig korrekt: »Kann man so sagen.«

»Und wer sind die Gelben, Mama?«

»Die Gelben? Ach so. Das ist der Schiedsrichter. Da ist nur einer.«

»Muss der alleine spielen? Das ist doch unfair.«

»Ja, irgendwie schon, aber alle müssen auf ihn hören.«

»Dann bin ich für den Gelben. Aus welchem Land ist der?«

»Weiß ich nicht.«

Dann denkt sie etwas. Das kann man immer so schön sehen in ihrem Gesicht. Denkdenk.

»Mama, ich bin für das allerallerallerbeste Team. Wer ist das?«

»Maus, das weiß man erst am Ende von der Weltmeisterschaft.«

»Wer ist der Schwarze?«

»Das ist ein Torwart.«

»Gibt's nur einen?«

»Nein, zwei.«

»Dann bin ich für die.«

Dann fällt endlich ein Tor. Die Tochter ruft laut »Tooor!«, dann jubiliert sie: »Ich bin doch für die Weißen. Die sind einfach besser, weil ich die anfeuere, und dann geht das in das Kabel. Als Strom. Und dann geht mein Anfeuer in den Fernseher, und dann haben die mehr Energie.« Sie hoppelt auf dem Sofa auf und ab.

Ich befürchte, dass so ähnlich viele Fußballfans denken.

»Mama, noch ein Tor!«, ruft sie.

»Nee, das ist die Wiederholung.«

»Also noch eins. 2:0. UND NOCH EINS! 3:0. Die werden Weltenmeister.«

Ich komme nicht dazu, ihr zu erklären, was eine Wiederholung ist, es redet ununterbrochen aus dem Fußballfrischling heraus. »Alle sind so froh, wenn jemand gut ein Tor geschossen hat.«

Dann wird gerempelt. Das Kind kuckt. Fragt: »Mama, hat der mal schnell Entschuldigung gesagt?«

»Bestimmt!«

»Ein Spieler hat gerade besonders schlimm gekuckt. Jetzt ist einer hingefallen. Das finde ich besonders lustig. Ich bin für den Schiedsrichter, weil der die alle beschützt.«

Gleich läuft mir Labersaft aus dem Ohr.

»Komm mal her, wir müssen Nase putzen«, sage ich und lasse zweimal schneuzen.

»Nein, lass! Die anderen Popel hebe ich mir für heute Nacht auf.«

»Okay.«

»Mama, nach dem Popeln muss man nicht noch mal Zähne putzen, oder? Popel sind ja nicht süß.«

Sie wartet keine Antwort ab. »Mama, wenn Karius und Baktus gern Zucker essen, dann haben die auch Karius und Baktus. Und die haben auch Karius und Baktus. Immer kleiner. Wenn einem die Zähne ausfallen, kommt man in die Schule, und dann stirbt man. Stimmt's?«

Ja, schon irgendwie, denke ich. »Das dauert dann aber noch«, sage ich.

»Ja, wenn du heiratest, ist alles vorbei.«

»Ja«, sage ich. »Nee.«

»Ich bin jetzt für die Roten. Rote, Rote. Mama, dürfen auch mal Fußballer ins Tor?«

»Der Torwart ist doch ein Fußballer.«

»Mama, ist der Ball mitten in das Publikum rein? Kriegen die jetzt einen neuen Ball? Haben die ganz viele Bälle?«

»Ja, ganz viele.«

»Warum geben die dann nicht alle Bälle rein, dann haben alle einen?«

»Ja, weil …«

»Mama, alle sind für den Ball, oder?«
»Genau! Maus. Alle sind für den Ball.«

Sehnsucht

Hallihallo …
Herzlich willkommen im …
Dies ist dein …
Du hast jetzt ein eigenes.
Wir nennen es Leben.

Es soll schön sein.
Wir werden alles dafür tun.
Du wirst platziert. Gut, gut.
Europa, Deutschland, Mädchen, Kaiserschnitt. Gut, gut.
Und raus mit dir.
Es soll schön sein.
Wir werden alles dafür tun.
Du wirst platziert.
HINSETZEN, sagte ich. Gut, gut.
So, Kinderkrippe, Kindergarten, Schule, nachmittags in den HORT, da wird gerutscht, RUTSCH DOCH, DIE ANDEREN KINDER WOLLEN DOCH AUCH GLÜCKLICH SEIN, HUI – ist das schön!
Gut, gut.
Dann Schulabschluss, Ausbildung. Gut, gut.
Bäckerfachfraudings.
Ausziehen! Bei den Eltern!
Studium! Musst du aber nicht!
Lebensgefährte! Musst du!
Ausziehen! Auf dem Sofa von dem Typen!
Gut, gut.

Eine Weile probieren, ob andere Typen auch reinpassen,
und dann mal dableiben.
Einfach mal nicht verlassen
oder sich verlassen lassen.
Der ist genauso gut wie jeder andere.
Den gäb es nur in größer oder kleiner.
Gut, gut.
Nach zwei Jahren ist der Honigmund abgenascht.
Einfach bleiben!
BLEIB!
KINDER KRIEGEN!

Kinderkrippe, Kindergarten, Schule, nachmittags in den Hort, da wird gerutscht, RUTSCH DOCH, MARIA, all die anderen Kinder hinter dir wollen auch noch dran. HUI!

Und am Feierabend, wenn die Kinder im Bett sind und der Partner sich in der bequemen Stellung vor dem Gerät abgelegt hat, da ist dir nach was.

Nach irgendwas ist mir, nach irgendwas ist mir, nach irgendwas ist mir, mir ist nach irgendwas. Hunger kann ich nicht haben, ich habe gegessen, Appetit will ich nicht haben, ich bin schon zu dick. Nach irgendwas ist mir.

Nicht gut, gut.
Gar nicht gut, gut.

Im Kühlschrank ist nicht das, was man erhofft hat, aber was anderes.

AHA!
Ganz hinten, gaaanz gaaanz hinten, hinter dem Bier, da ist ein …
Da sitzt ein …
Es steht.
Es ist ein …
Sehnsucht? Bist du's? Was machst du da? Warst du die ganze Zeit da?

Komm zu mir in den Kühlschrank, sagt die Sehnsucht, komm rein und schließ hinter dir die Tür. Hier findet dich keiner. Hier ist kein Empfang. Komm rein, und du bist einfach weg. Einer der tausend Leute im Jahr, die im Kühlschrank verschwinden.

Es ist gar nicht so kalt im Kühlschrank, wenn man drin ist. Das kommt einem nur von außen so vor. Ich setze mich auf die Butter. Es sitzt sich dort gut, denn die Butter war den ganzen Abend auf dem Abendbrottisch und ist noch etwas weich. Mein Hintern schmiegt sich angenehm hinein. So wäre das ideale Bett, denke ich. Aber warm. Ich lehne meinen Rücken an die Kühlschrankwand.

Ich sehe nichts, sage ich.

Die Sehnsucht sagt: Du musst auch nichts sehen. Du musst nur sehnen. Denk nach!

Ich brauche die Augen nicht zu schließen. Es ist ja ohnehin dunkel.

Sehnsucht.

Etwas entdecken, etwas entdecken, das nach dir benannt wird.

Etwas erfinden, das deiner Oma alles erleichtert.

Etwas erfinden, das immer gut riecht, wenn ein guter Mensch vorbeikommt.

Fliegen können, aber mit dem Bauch nach oben.

Tauchen können, aber für immer.

Im Wald leben mit Pfeil und Bogen, einen Indianernamen haben. Schleichendes Mädchen, lauschendes Pferd, lachender Fuchs. Die mit der Sehnsucht.

Sehnsucht.

Alles zu wissen, ohne zuhören zu müssen.

Die Sterne wirklich mal verbinden können, mit einem Lichtstift.

Sich trauen, allein im Garten zu übernachten.

Auf einem Schiff fahren, über ein Meer und dann irgendwo ankommen, wo andere Pflanzen wachsen.

Jemanden beim Älterwerden überholen.

Dass eines Tages dieser umgefallene Baum, auf dem du Pferd spielst, dass dieser umgefallene Baum, der auf zwei großen Ästen ruht und auf dessen drittem Ast du sitzt, auf einem Sattel aus einer alten Lederjacke, dass dieses dein Pferd, dass es einfach eines Tages losläuft.

Sehnsucht.

Die Taschen leer, sollen sie voll sein.

Die Taschen voll, sollen sie leer sein.
Sehnsucht. Ein Tier ohne Kopf.
Viele Fenster zum Rausträumen, aber keine Tür zum Rausgehen.
Viele Wege und keine Zeit, sich für einen zu entscheiden.

Merkst du, sagt die Sehnsucht. Die haben dich belogen.

Wer die?, frage ich.

Na, haben sie dir am Anfang deines Lebens gesagt, dass es schön werden soll?

Ja, da war was, da waren diese, sie haben gesagt ...

Sie haben gelogen, flüstert die Sehnsucht. Einfach gelogen. Komm. Bleib doch hier.

Beziehung schön und gut ... NA UND!
Reisen hin und her. NA UND!
Kinder schön und gut ... NA UND! NA UND! NA UND!!!

Weißt du, wie mein zweiter Vorname ist?, fragt die Sehnsucht.

Franziska vielleicht?, frage ich.

Nö, sagt die Sehnsucht. Unzufriedenheit. Jaaa, der war in meinem Jahrgang häufiger, als man denkt.

Un, un, unzufrieden. Bist du's, oder bist du's nicht?
Sag mal, bist du's, oder bist du's nicht?
Bist doch reingekommen zu mir. Hier.
Unzufrieden. Un, un, un.

Ich stehe von der Butter auf, ich öffne die Kühlschranktür, ich sage tschüss, lass das Un-Un-Un im Kühlschrank. Ich glaube, ich war un-un-unglaublich lange bei der Sehnsucht.

Der Mann liegt immer noch in der bequemen Stellung vor dem Gerät. Werbepause noch nicht zu Ende. Wolltest du nicht was zu trinken holen?

Ja, sage ich abwesend.

Vergessen, sage ich abwesend.

Der Mann erhebt sich, geht den Flur lang, kommt un-un-unglaublich lange nicht wieder.

Kommt wieder und hat nichts zu trinken dabei. Vergessen, sagt er abwesend. Dann grinsen wir uns an.

Tod

»Gestatten, Tod!«, sagt er und hält mir Blumen entgegen. Die Blumen sind weiß und in der Form eines Schwimmringes angeordnet. Ich glaube, man sagt dann Kranz dazu – eine ungewöhnliche Form, Blumen zu schenken. Ich schaue ihn verdutzt an, wie er da vor meiner Wohnungstür steht und langsam seinen Kopf hebt. Ich kann seine Zähne sehen, ohne dass er lächelt. Er hat keine Haut.

»Na machen Sie schon!«, fordert er mich auf.

»Was?«, frage ich. Soll ich sterben, oder was? Hier so zwischen Tür und Angel?

»Sie können ruhig irgendeinen Witz über meinen Namen machen. Ich habe alle schon gehört. Wenn Sie einen Witz machen, entspannt das die Atmosphäre und alles geht leichter.« Er nimmt die schwarze Kapuze ab und sagt, dass er mir noch mal das Stichwort gebe: »Gestatten, Tod!«, sagt er noch einmal.

Mir fällt nichts ein. Er sagt, er habe alle Witze schon gehört, aber mir fällt gar keiner ein. Und was meint er, wenn er sagt, dann gehe alles leichter? Ich will gar nicht, dass *irgendetwas* geht und schon gar nicht leichter. Doch nicht heute und jetzt. Ich hatte noch so viel vor, nicht unbedingt heute, aber morgen. Heute wollte ich nur fernsehen, nur 'ne deutsche Liebeskomödie. Die sind so schön scheiße.

»Gestatten, Tod!«, sagt er wieder, und mir fällt angesichts des Todes überhaupt nichts Witziges ein. Ich will jetzt nicht witzig sein.

»Kommen Sie, seien Sie locker. Gestatten, Tod!«

»Gestatten, Fuchs!«, sage ich.

»Sehen Sie, das war doch schon mal eine Antwort. Und jetzt noch mit Pep.« Er schnipst zu dem Wort »Pep« mit seinen Knochenfingern, dass es nicht schnipst, sondern knackt. Er sagt wieder: »GESTATTEN, TOD!«

»Gestatten, am Leben!«, stammel ich. Ich halte mich an diesem Satz fest. Am Leben. Ich bin am Leben. Ich will heute Abend diese scheiß Liebeskomödie ansehen.

»NA JA, WITZIG IST WAS ANDERES«, sagt der Tod. Ich kann einfach nicht glauben, dass allen schon Verstorbenen in ihrem letzten Moment etwas Witziges eingefallen ist. Das setzt mich unter Druck. Mein Opa ist schon lange tot. Er war nie witzig. Er war immer nur geizig, vor allem mit Zeit. Er hätte dem Tod die Tür vor der Nase zugeknallt und gesagt: »Keine Zeit!« Als mir das einfällt, finde ich das allerdings witzig.

»Was hat denn mein Opa geantwortet?«, frage ich den Tod.

»DER HAT GESAGT ›WAS, SO SPÄT SCHON?‹«

Wir lachen.

»SEHEN SIE, DAS LOCKERT DIE ATMOSPHÄRE AUF. WIR PROBIEREN ES NOCH MAL. GESTATTEN, TOD!« Er verbeugt sich.

Ich sage: »Danke schön, ich habe schon einen!« Wir kichern. Tod sagt, dass er den schon kennt, aber dass das schon ganz gut war. Ich finde es nett von Tod, dass er mich lobt. Das schafft Vertrauen. Es wird immerhin mein erstes Mal sein, dass ich sterbe. Ich sage Tod, dass ich noch mal probieren will, etwas zu antworten, denn jetzt sei ich warm geworden. Mir fällt auf, dass ich bald kalt sein werde, wenn Tod mich umbringt. Ich versuche, das noch etwas rauszuzögern. Vielleicht kann ich Tod dazu überreden, noch die scheiß Liebeskomödie mit mir zu kucken. Ich weiß ja nicht, wie sein Terminplan so aussieht.

»GESTATTEN, TOD!«, sagt er wieder und öffnet dabei seinen schwarzen Mantel, unter dem sein Gerippe weiß leuchtet.

»So sehen Sie auch aus!«, sage ich. Wir lachen. Mir kommt der Gedanke in den Sinn, dass ich auf keinen Fall im Hausflur sterben will, sondern lieber in der Wohnung. Ich bitte Tod herein. Ich will nicht von meinen Nachbarn gefunden werden. Ich mag meine Nachbarn nicht. Ich will noch eine Weile rumliegen und vielleicht sogar stinken, richtig bestialisch stinken. Wie gesagt, ich mag meine Nachbarn nicht. Wir gehen in die Stube, und Tod legt den Kranz neben meinem Fernseher ab. Fernsehen ist also heute gestorben.

»GESTATTEN, TOD!«, sagt er wieder. Ich reagiere mit: »Hätte ich Sie heut erwartet, hätte ich Kuchen da.«

Tod sagt: »DER WAR GUT!«, und ich bin stolz. Ich bin aufgeregt, weil Tod bei mir zu Hause ist, immerhin eine der prominentesten Personen weltweit.

»GESTATTEN, TOD!« Tod schaut erwartungsvoll.

»Ja, bitte? Sie wünschen?«, frage ich und lache. Ich freu mich richtig, dass Tod da ist. Er ist unterhaltsam. Ich werde mir noch was Schönes anziehen, bevor es losgeht, die deutsche Komödie ist doch sowieso Schrott. Ich lache. »Sie wünschen, verstehst du?« Ich habe Tod gedutzt – oh. »Verstehen Sie? Als wären Sie ein Klinkenputzer. Sie wünschen?«

Tod lacht nicht. Er sagt: »ICH BIN HIER MIT JEMANDEM VERABREDET.«

»'ne Frau?«, frage ich und lache mich schlapp, aber Tod steht einfach nur da und lacht nicht, sondern pult zwischen seinen Unterarmknochen herum. »Ich bin nervös. Ich habe sie noch nie getroffen.«

Wovon redet der denn? Ist der Tod schwachsinnig? Das kann man ja manchmal fast denken, so wahllos wie er Menschen holt, willkürlich und unfair. Klingling, ist er einfach da.

Klingling, es klingelt tatsächlich an der Tür.

Tod wispert: »DAS IST SIE.« Er zupft seinen Mantel zurecht und fragt mich, ob er was zwischen den Zähnen habe. »Nein, alles bestens«, sage ich. Es klingelt wieder. Tod zittert und seine Rippen klappern. Er nimmt den Kranz und geht zu meiner Tür.

»Ich mache auf«, beschließe ich. Das muss ja 'ne Frau sein, wenn Tod so aufgeregt ist. So habe ich ihn ja noch nie gesehen. Vor der Tür steht niemand. Ich schaue auf meinen Fußabtreter, da liegt jemand. Ein zusammengerolltes Baby in einem Abendkleid. Es nimmt den Daumen aus dem Mund und sagt: *»Willkommen!«* Ich antworte, dass *ich* hier wohne und »Willkommen« sagen müsste.

Das Baby erklärt: *»Ist 'ne Angewohnheit, sag ich immer. Ich bin …«* Tod sagt mit brüchiger Stimme: »GEBURT!« Geburt zwinkert ihm kokett zu. Tod zittert so, dass der Blumenkranz raschelt. Meine Fresse, ist der aufgeregt. Ich habe fast den Eindruck, dass er etwas rosa um die Wangenknochen wird.

Geburt sagt beruhigend zu dem aufgeregten Knochenmann: *»Tut mir leid, ich bin zu früh …«* »GEBURT!«, haucht er abermals.

»Ja, ja, Frühgeburt!«, fahre ich in das Geheuchel. Verliebte sind doch echt nicht zurechnungsfähig.

»Habt ihr euch vorher noch nie getroffen?«, frage ich. Tod schüttelt schnell den Kopf. Er hat Schiss für zehn.

Geburt sagt: *»Er hatte nur ein Foto von …«* »GEBURT«, sagt Tod. Er sagt ihren Namen mit so einer Hingabe, dass ich Angst habe, dass die beiden hier gleich ein Kind vor meiner Wohnungstür zeugen und es dann Totgeburt nennen.

Überhaupt, was will Geburt hier? Ich werde doch heute nicht ein Kind bekommen müssen? Ich will doch die scheiß Liebeskomödie kucken. Außerdem will ich mein Kind nicht im Hausflur bekommen.

»Und was nu? Gehen wir rein?«, frage ich. Geburt streckt mir ihre Ärmchen entgegen und sagt: *»Ich kann doch nicht laufen. Ich bin doch frisch …«* »… GEBOREN«, presst Tod hervor.

»Ja, ja, alles klar!«, sage ich. Mir geht der verknallte Tod auf den Keks. Außerdem glaube ich, dass Geburt lügt, denn irgendwie muss sie ja auch auf meinen Fußabtreter gekommen sein. Sie wird sich ja nicht mit der Nabelschnur die Treppe hochgehangelt haben.

»Okay, ich trage dich.« Ich nehme die Kleine auf den Arm und trage sie rein. Sie ist geschminkt, aber ganz dezent. Und sie hat sich parfümiert, aber angenehm. Ich frage sie, wie sie sich sonst fortbewegt. *»Durch Wehen!«*, sagt sie und lächelt mich verführerisch an. Ich glaube, Frauen fällt es schwer, ihr zu widerstehen. Sie ist so süß. Geburt. Ein Kind. Noch eins. Noch eins. Noch eins. Ich werde ganz schischi. Ich lege Geburt lieber aufs Sofa, sonst rufe ich heute Abend noch irgendeinen Kerl an und bitte um Befruchtung. Dabei will ich doch die scheiß Liebeskomödie kucken, in der die Liebe zwischen den Menschen so bekloppt dargestellt wird, dass mir danach bestimmt nicht mehr nach Familiengründung ist. Deutsche Liebeskomödien sind doch 'ne gute Verhütungsmethode.

Als ich mir Geburt genauer ansehe, so zahnlos lächelnd, kommt sie mir irgenwie bekannt vor, und ich kann mich erinnern, dass ich sie schon mal gesehen habe, schon 'ne Weile her. Sie hat gesagt *»Willkommen!«,* und mir ist nichts Witziges eingefallen. Ich hätte antworten können: »Hätt ich dich heut erwartet, hätt ich Mutterkuchen da.« Aber ich konnte ja noch gar nicht sprechen. Mein Opa hätte bestimmt gesagt: »Wird ja auch Zeit.«

Tod hat sich inzwischen zu Geburt aufs Sofa gesetzt und strahlt sie aus seinen Augenhöhlen an. Er sieht aus, als wollte er ihre Plazenta essen und ihr über die dünnen Haare streichen. Mann, peinlich!

»Du hast mir …«, säuselt Geburt Tod an, »… BLUMEN MITGEBRACHT!«, dröhnt er zurück.

Mann, Mann, seit sie zusammen sind, können sie keinen Satz mehr alleine sagen. Sind die beiden denn wirklich zusammen, also gehen sie miteinander, oder was? Mir gefällt das nicht.

»Wo habt ihr euch denn überhaupt kennengelernt?«, frage ich.

»Im …«, sagt Geburt, »… INTERNET«, schließt der Tod. Sie beäugen sich verzückt. Ist das blöde! Ich bin hier echt das dritte Rad am Wagen, in meiner eigenen Wohnung. Und anscheinend interessieren die sich gar nicht für mich. Ich werde weder sterben und meine Nachbarn mit meinem bestialischem Gestank ärgern können noch werde ich demnächst ein Kind bekommen. Ich werde fernsehen. Prima!

»Ist sie nicht zu jung für dich, Tod?«, frage ich, nur um was Gemeines in die romantische Stimmung zu werfen. Sie hören mir nicht zu. »Tod!«, sage ich lauter.

»Wir sind …«, antwortet Geburt gleichzeitig mit Tod »… GLEICH ALT!«

Ich hasse esoterische Scheiße. Es kommt ja drauf an, wie alt man sich fühlt, ja, ja. Ich finde, sie ist zu jung für den Tod. Und dann noch im Internet kennengelernt.

»Und wie soll das jetzt werden mit euch?« Ich bleibe skeptisch.

Geburt sagt mit ihrer altklugen Singsangstimme: *»Wir bleiben zusammen, bis zu unserem …«* »… TOD!«, sagt Tod. Sie kichern. Geburt hält den Fingerknochen von Tod fest in ihrer kleinen Hand mit den kleinen lackierten Fingernägeln. Das ist doch alles nur der Klammerreflex. Das kann man doch nicht überbewerten. Ich stichel weiter: »Und ihr geht jetzt zusammen essen, oder was?«

Geburt strahlt: *»Ich werde Tacos bestellen und er …«* »… ISST SIE AUF«, sagt er.

»Ich baue Kartenhäuser aus Bierdeckeln und er …« »… MACHT SIE KAPUTT.« Sie schielen sich glücklich an.

»Ich bringe Menschen auf die Welt und er …«, Geburt sagt das nicht ohne Stolz, »… BRINGT SIE UM.«

Ich will, dass sie gehen, beide. Gibt's heute keine Geburten oder Todesfälle? Sollen sie doch woanders rumgurren. Warum denn ausgerechnet bei mir?

»Warum trefft ihr euch denn ausgerechnet bei mir?«, will ich wissen.

»Weil du aufgehört hast, an die große Liebe ...« »... ZU GLAUBEN«.

Da haben sie recht. Bei mir war es noch nie wie in einer deutschen Liebeskomödie. Dass einfach jemand an der Tür klingelt und er ist perfekt.

Es klingelt an der Tür. Pass auf, sage ich mir, das sind jetzt Glaube und Hoffnung und die haben auch ein Date in meiner Wohnung, oder das Huhn und das Ei, oder das A und das O. Vor der Tür steht ein kleiner, junger Mann und schmettert: »Überraschung! Ich bin die große Liebe!«

Da fällt mir wieder nix Witziges ein.

»Die große Liebe!«, wiederhole ich und bitte ihn *nicht* herein. »Hat das denn schon einmal geklappt?«

Er schaut mich glücklich an. »Nein!«, sagt er, und dann lächelt er: »Aber diesmal wird es klappen!«

»Aber es hat doch noch nie geklappt!«, beharre ich. Ich habe die viel besseren Argumente.

»Nein!«, gibt er wieder zu und seine Augen sind Sterne und Sonne und Vollmond zusammen und alle Straßenlaternen und Kerzen. »Aber diesmal!«, sagt er.

Aus der Stube höre ich Geburt, die sagt: *»Los, lass ihn ...«* und Tod stöhnt: »... REIN!«

Ich schaue den jungen Mann an, der ist ja völlig verpeilt. Der steht echt vor der falschen Tür, aber er ist niedlich.

»Komm lass ihn ...«, sagt Geburt. »... REIN!« Tod klingt wie ein Lustmörder. Also lasse ich den jungen Mann rein.

Geburt und Tod sind plötzlich weg und, ähm, das Sofa ist frei. Die

Liebeskomödie fängt an.

Nougat, Nougat

Mindestanforderungen an Bürger: sehen und wahrnehmen. Aufeinander achten und lächeln. Beim Ausweichen lächeln. Ausweichen, als wäre es ein Tanz. Und lächeln. Bitte, danke, lächeln. Bitte, danke, lächeln. So viele freundliche Gesichter und die unfreundlichen erst. Die kann man sich schöndenken. Als vom Wind zerzauste Felder, wie die Ostsee mit Wellengang, wie ein Baum mit eingewachsenem Vogelhäuschen.

Menschen, alles Landschaft.

Gesichter, alles Wetter.

Nichts, worüber man sich aufregen muss. Kann man schon. Bringt aber nichts.

Das ist Hippiekacke. Hippiekacke.

Na und? Hippiekacke riecht viel gesünder.

Alles sollte mit Nougat gefüllt sein.

Die Nougatfüllung sollte kein kleiner Klecks sein. Nein. Ein großer Klecks. Größer als das Drumrum. Eigentlich sollte es nur Nougat geben mit was Kleinem drin, aber man kann das auch weglassen.

Und lächeln.

Kinder sollten nicht an die Macht. Sie ziehen Hunde am Schwanz. Sie sagen Aua und lachen. Das ist lustig. Aber nicht für den Hund.

Hunde sind mit Nougatfüllung auch viel glücklicher. Viiiiel glücklicher.

Kinder auch. Vielviel glücklicher.

Das Bett sollte aus Nougat sein, das wird schön warm und weich in der Nacht, und wenn es kalt wird im Winter, dann wird der Nougat fest, und dann kann man leiderleider nicht aufstehen. Chef, ich stecke fest. Nee, nicht Stau! Nougat!

Alles sollte mit Nougat gefüllt sein. Auch der Chef. Gerade der Chef. Und das Auto vom Chef.

Über Winter meckern ist doof. Total doof. Einfach Winter mit Nougat füllen!

Sommer ist keine Nougatzeit. Im Winter ist Nougatzeit. Wenn man sich viel anzieht, sieht keiner die Naschröllchen. Naschröllchen sind schön. Keine Naschröllchen auch. Man sollte viel weniger etwas Bestimmtes schön finden, sondern vielmehr einfach viel mehr schön finden.

Keinen dicken Bauch haben wollen ist doof. Wo soll denn der ganze Nougat hin?

Nicht altern wollen ist doof. Wann soll man denn den ganzen Nougat essen? Ganz am Ende, wenn es egal ist, wenn der Fickificki-Marktwert egal ist, kann man in Ruhe Nougat essen und wieder mit Rauchen anfangen. Nicht altern wollen ist doch wie gegen Haarwuchs sein. Kann man schon mal machen. Macht aber alt.

Und lächeln!

Eins, zwo, drei. Eins, zwo, drei.

Wenn ein Tag scheiße ist, dann Mundwinkel nach unten, aber im Kopfstand.

Und Nougat rein.

Vor allem in die Diätprodukte. Da sollte Nougat rein. Aber vor allem, das ist das Wichtigste, in die innere Einstellung sollte Nougat rein. Denn die innere Einstellung bekommt kein Diabetes oder Fettpolster.

Nougat. Nougat, das sag ich so. Das mein ich auch so, aber es kann auch was anderes als Nougat sein. Das soll doch jeder für sich rausfinden, was sein Nougat ist. Mein Nougat ist jedenfalls Nougat.

Und Lächeln.

Für inneres Wachstum ist immer Platz. Ein Herz ist ein dehnbares Samtsäckchen.

Warum denn immer größer sein wollen? Was ist das denn für ein lächerliches Podestchen, Deutschland doof zu finden oder Im-falschen-Kiez-Wohner? Das kann uns doch auch passieren.

Und dann? Und dann?

Dann muss man sich selber doof finden. So wollte man nie werden.

Bei jedem Menschen, den ich treffe, habe ich den Gedanken: Das könnte auch ich sein.

Alt geworden. Krankheiten gehabt. Die Liebsten verloren. Dann lächle ich nicht.

Mindestanforderung an Bürger: sich vorstellen können, auch der andere zu sein. Und lächeln. Ja, auch wenn die anderen nicht zurücklächeln.

Ich hasse hassen.

Das ist wie Splitterbomben, die irgendwas treffen.

Ich will nicht bombardieren oder nur kurz … mit Nougat.

Und jetzt alle im Chor: Nougat, Nougat!

Erstveröffentlichungsnachweise

Alle hier aufgeführten bereits veröffentlichten Texte wurden für die vorliegende Buchausgabe überarbeitet.

Interessant einkaufen, Das Magazin, Mai 2014
Taschenbuch, Das Magazin (unter dem Titel: *Die erste Tasche*), April 2013
Ehrlicher Liebesbrief, Das Magazin, April 2014
Mannschine und Frautomat, Salbader 38/2007
Das bekloppteste Hobby von der Welt, Das Magazin, Februar 2014
Facebook 1886, Das Magazin, Mai 2012
Sachen, die ihr über Spinnen wissen wolltet, Das Magazin, April 2012
Wehenkraftwerk, Das Magazin, Februar 2013
Pflanzenmann, Salbader 43/2013
Nähmamas, Salbader 42/2011
Gehörlos ist das neue Altersmilde, Das Magazin, Juli/August 2014
Soziologische Phänomene mit physikalischen Aspekten, an mir selbst untersucht, Das Magazin, Januar 2012
Sofasex, Das Magazin, Februar 2012
Ich bin zwei Supermodels, Das Magazin, Juni 2014
Erdbeermützendieb, in: *Last Exit Babyklappe* (unter dem Titel: *Erdbeermütze*), Satyr Verlag 2013
Alle sind für den Ball, Neues Deutschland, 19. Juni 2014
Sehnsucht, Das Magazin, September 2013
Nougat, Nougat, Das Magazin (unter dem Titel: *Manifest*), November 2013